ムカイダイス
河合直美 共編訳

ウイグルの民話 動物譚

ئۇيغۇر

鉱脈社

ウイグル民話考

河合直美

このたび私はムカイダイス先生のお手伝いをする形で、初めてウイグル民話を読む機会を得た。先生の書かれた素訳を、日本人として理解しやすい言葉にするのが私の役目である。

まず一番初めにモズとカラスの話を読み始めたが、私はただただ驚いてしまった。友人というほどではないにせよ慣れ親しんだ隣人を、空腹だからという理由で、力比べに勝ったら食べるというのである。

見渡すと全編のほとんどが動物同士の話で、戦って復讐するとか、勝ったら相手を食べるという話がやたらに多い。動物はネズミやウサギから羊、山羊、ロバ、狐、狼、虎、象のほか猫、猿、牛、ニワトリなど多種多様である。

人間が主人公である話は4編だけでむしろ心温まる話であるが、人間も食物連鎖に組み込まれており、しかも必ずしも頂点にいるわけではなく、人間の位置は動物たちと比べて相対的なものでしかない。「三人の友」に見るように、邪悪な人間は動物たちによって容赦なく復讐《ふくしゅう》されるし、「鈴の靴をはいた山羊」では、人間は正しい者に力を貸す存在として登場する。一方、「カウルの薬草」や「猟犬と鷲」では飼い主と動物の強い絆が描かれ、後者のような凄惨な話でも、飼われたものとの絆や、主人公の家族愛が快い余韻を残して救われた思いがする。

私は中学生のころから、スウェン・ヘディンの探検記や、井上靖の西域を舞台とする作品などによって、シルクロードに魅《ひ》かれ始めた。30歳ころにはNHKが中国と共同制作した「シルクロード」を毎回楽しみに見たものである。その前後だと思うが、「スキタイ・シルクロード美術展」なるものが開催され、題名に魅かれて見に行った。スキタイ人というのは謎の多い中央アジアの遊牧民だそうだが、動物をモチーフに使った青銅器などがたくさん展示されていた。中でも四頭の羊が支えている大きな鼎を印象深く思い出す。そして特徴的なのが「動物闘争文」と呼ばれる浮彫のデザインで、動物が組み合って噛みつきあったりしているのだが、それは必ずしも肉食獣ではない。草食の山羊なども角をからませている。

山羊というと日本では土手でのんびり草を食べているイメージだが、ウイグル民話ではいざとなれば角を研ぎ澄まして戦う。「鈴の靴をはいた山羊」は西洋の「狼と七匹の子山羊」と同様の話だが、「鈴の靴」は賢く強い者への称号であり、この母山羊は子どもを助けだすのに狩人に頼むのではなく、自ら角を研いでもらって狼に挑む。まず草をたくさん食べて乳を出し、バターとチーズを作ってもらって砥ぎ師への手間賃にするとは究極の「女子力」でなくて何であろうか。ともかく40年も忘れていたスキタイ美術の印象を思い出させてくれたのが、このたびのウイグル民話であった。

初めのモズとカラスの話に戻ると、カラスはモズを食べるための条件を出されてはいろいろなものと出会う。乾ききった土や「何日も草を食べていないから乳が出ない」と言う牝牛など読み進むにつれ、いかに厳しい風土の中で生まれた物語であるかを知り、自分の中の違和感が少しずつうすれていくのを覚えた。

日本人のような湿潤な自然に恵まれた農耕民に比べ、遊牧民は肉食が基本であろう。

それも私たちのように料理するばかりにしてある肉を少量ずつ店で買ってくるのではなく、現代の都市部はさておき、ことに昔は家畜を屠《ほふ》るところから始めなくてはならない。さらに古い時代は狩猟のみで食物に事欠くことも多く、いきおい社会は弱肉強食とならざるをえなかったと思われる。「あるものはあり、ないものはない時代」という語り始めを浅学にして他のところでは聞いたことがない。アラスカのイヌイットたちのように、野菜の採れない風土の中では生の肉を食べることでビタミンやミネラルを摂取する必要もあったわけで、描写はいきおい生々しくなりがちであり、ややもすればウイグルの間違ったイメージを作りかねない心配があったので、「違和感」を薄めるにはかなりの工夫を必要とした。日本の昔話の中で、幼い頃からどうしても違和感をぬぐいきれなかったのは「カチカチ山」だが、案外狩猟や遊牧の社会に起源を持っているのかもしれない。

私も初めはそうだったが、違和感を強く感じられる方は、後半の「子ども向けの民話」から読み始めることをおすすめする。

いろいろな地域の民話の中で、動物だけが登場するものは、私にはイソップの他にはこのたびのウイグル民話が初めてであった。人間の持つ強さ、賢さ、また弱さ、ずるさ、その他の美徳や欠点が動物に仮託された形で物語となったものであろう。

たくさん登場する動物の中でもネズミやウサギはやはり弱く臆病であり、狐はウイグル世界でもずる賢いことになっているが、狐は自分より強い狼にへつらうかと思うと、弱い者を助けることもある。一方、狼や虎は強いかと思うと案外に臆病になったり騙されたりもする。彼らの二面性が描かれるのは興味深い。では総合的に一番強い者はというと、山羊や羊かもしれない。ことに山羊は知恵を使って猛獣たちに勝つ。遊牧民にとっては最も身近な存在であり、親近感、身びいきといった感情があるのだろうか。

なお、話の始めに動物たちが初めて出会った際に、どう振る舞うかについてはいかにも遊牧民らしさを感じさせる。互いに相手との力関係を計り、下手に出たり、時には高飛車に出たりもする。挨拶代わりにか少し戦ってみたりもするが、まもなく「狼の友」といった呼び方をするようになる。農耕民の社会なら「定住者と旅人」といったケースでもない限り、ここまでの緊張感はない。外交の分野などを考えると島国育ちの日本人にとっては学ぶところも多いように思われる。
子ども時代の私にとって大切な思い出の一つであるが、昭和30年代の中頃、講談社から「少年少女世界文学全集」が出された。古今東西の名作はもとより世界の詩歌、ギリシア神話、旧約聖書、古事記などの神話や、シェイクスピア、三国志、平家物語など後世の文芸に大きな影響を与えた作品は美術や音楽の理解にも欠かせない。このような本を読ませてもらったことは、私が親に感謝していることの中でも特筆すべきことと なっている。現在、子どものためのこうした本をあまり見かけないのは残念でならない。

この全集の中には、先述の神話の他、日本の昔話やグリム童話はもとより各国、各地域の民話が収録されてあった。私は当時そうした民話を読みながら、日本と西洋の話の中に共通する要素が多いことに興味を持った。見るなと言われたものを見てしまい、食べてはいけないものを食べ、開けてはいけない箱を開けてしまう。人間の弱さは古今東西変わらぬものである。そして物語は語り継がれることによって、時間的にも空間的にも伝播していくのだろうと考えた。

収録された民話には中国、朝鮮、インド、トルコの他、中国の少数民族や東南アジアの民話もあったが、中央アジアのものは抜けていた。今回のウイグル民話の中でやや不気味な「猟犬と鷲」は記憶どおり朝鮮で似た話が採集されており、細部までそっくりな部分もあった。その他このたびのウイグル民話には「花咲爺《はなさかじじい》」や「ブレーメンの音楽隊」を思わせる話も収録されてある。

シルクロードが運んだものの中には交易品ばかりではなく、民話も確かに含まれていたに違いない。スウェン・ヘディンらが地図の上でタクラマカン砂漠の空白を埋めたように、ウイグル民話が東西の民話の接点や起源を見出す一助となったとしたら、それは望外の喜びである。

２０２０年４月１日

ムカイダイス

中央アジアの大自然の神秘が奏でる魅惑的な調べ

　私が民話に魅了されたのは小学校に入る前のことです。私はウルムチで生まれ育ちました。しかし、私の母の実家はウイグルの南の無花果《いちじく》で有名な町アトゥシにあり、その町で十七代続いているともいわれる老舗の鍛冶屋でした（２０１０年に休業して今はありません）。

　夏の間は、私はウルムチを離れ、祖父母の家で過ごすことが多かったです。祖父は村の小学校の校長も担当していたために、家には本がたくさんありました。祖父母の家は伝統のウイグル彫り（木や建物自体に鎌倉彫のような美しい彫り）を施して作られた美しい大きな屋敷でした。馬が大好きな祖父は屋敷の中で何頭かの駿馬を飼育していました。私は怖くて馬に近づくことはできませんでしたが、馬小屋の外の、馬が見えるところに椅子をおいてもらって座ったまま、ずっと馬を眺めていました。屋敷には広い果樹園が隣接されていて、無花果をはじめ、石榴《ざくろ》や杏、葡萄などが作られていました。

この家は迷宮のような家だったと思います。その原因は家の大きさだけではありません。そこには昔からの不思議なものがたくさん置いてあって、それに纏《まつ》わる物語が大変面白かったからです。私が一番好きな物語は美しい模様がぎっしり刻まれた、開かずの鉄の箱に纏わる物語でした。その箱は、また家業の鍛冶屋と職人の守り神としても大切に保管されていたのです。

祖父によれば、古の時に祖先は遥か遠くから鉄をいっぱい入れた袋を馬に載せて、パミール高原の雪と氷の山を越えてこの地にやってきたそうです。祖先の一人のエズーズ氏は鉄を知り尽くした匠であり、邪悪な鬼も切り倒せる鉄の剣を作る技術とともに剣術に優れた英雄でもあったとのことです。彼はある夜、人間を襲った鬼を退治し、鬼の自慢の美しい髪の毛を切り落とし、肌身離さずに持ち歩きました。鬼は髪を返してくれと頼んだが応じず、最後に鬼がこの地域の鍛冶屋一族やそのゆかりの人間を決して傷つけないとの誓約書を書かせてから、鬼の髪の毛を返したために、この地域にいる限り、悪事は起こらず、みんなが守られているのです。

その誓約書はこの箱の中に入っているとの摩訶不思議な話を教えてくれたのです。その話が真実か否かは分かりませんが、当時五歳だった私は、その後から今まで鬼が出そうな暗いところなどは全く怖くなくなったことだけは確かです。

私の母の実家に纏わるこの話を、今でも時に思い出します。興味深いのは、私の祖先が鉄を持って遥か遠くから中央アジアのオアシスにやってきたことですが、遥か遠くというのはおそらくペルシアではないかと推測します。

この民話集の中でもいくつか、オアシスの民の鬼退治の話があります。若者が迫り来る鬼に投げたのは木の櫛だったり、鏡だったりします。櫛は果てしない森になり、鏡は湖となって鬼の行く手を阻みます。

小さい時、ただただ物語の面白さに魅了されて考えられなかったのですが、今はこの話の中の壮絶な展開の意味がそれなりに分かるような気がしています。

ウイグルの大地に星のごとく点在するオアシスに住む人々は、時には森、時には湖や河のお蔭で砂漠化を阻止し命を育むオアシスを守り抜き、今まで生き延びてきたという歴史がこれらの民話の中に隠されているのです。

砂漠の中に眠る幻の都市、彷徨《さまよ》える湖、このような話は日本の皆様もご存じでしょう。ウイグルの民話はこのような物語を通して、大自然と人間の共存と戦いの印を、そして、人類は知恵と長い歴史の間に培った技術に拠って、時に自然が示すすべてを滅ぼす鬼を退治して生きてきた歴史を我々に教えてくれます。

河合直美先生が素晴らしい訳者まえがきを書かれているので、本来は私が改めて書く必要がないのではとも思いましたが、やはり、ウイグル民話についての思いを語らせていただこうと、恐縮ながらまえがきを書かせていただきました。

河合直美先生の美しく、しなやかな文章により、私の拙い訳が日本語になり、ウイグルの民話集に命が吹き込まれました。河合直美先生に心から感謝を申し上げます。鉱脈社本の出版を可能にしてくださった河合眞先生にも心から感謝を申し上げます。鉱脈社の川口道子様はじめ、桑畑亮様に感謝を申し上げます。

コロナウイルスが人類を脅かしている２０２０年の春、人類はどのような知恵と医術でこのウイルスに打ち克つのでしょうか。ウイグルの民話集は、遥か古の中央アジアの地で、その知恵で鬼を退治し、命を守り抜いた人々の歴史を私たちに運んでくれます。この民話集が現代の私たちに勇気と希望を与えてくれることを、ウイルスの終息と人類の平和を祈りつつ、私の拙文を終わらせることにします。ありがとうございました。

２０２０年5月1日

ウイグルの民話　動物譚

目次

大人向けの民話

勇敢なロバ

いっとき、虎の王と勇敢なロバは友人だったそうな。虎の王は勇敢なロバを恐れ、勇敢なロバもまた虎の王を恐れていた。

二人が道を歩いているとき、とある河に出くわした。二人はどちらかが河で沈まずに速く渡れたら、渡れなかった方を食べると取り決めた。

虎が先に渡った。ロバは次に河に入ったが、真ん中へ来たあたりで沈んでしまった。虎はそれを見ていい気になり、これで自分は英雄ロバを食べられると喜んだが、ところがどっこい、ロバは浮かび上がってきた。

虎が「君は河で沈んだから、私は君を食べるぞ。」と言うと、ロバは「君は河からそのまますぐに出たが、私は魚を捕まえて食べてから出た。」と言った。虎は信じないで、「捕まえた魚はどこにある？　私に見せろ。」と言った。そこで、ロバが体を震わせると、両方の耳から二匹の魚が地面に落ちた。虎はそれを見て怖くなった。ロバは、「私を食べるつもりなら一休みしてからにしたらいい。」と言った。

二人は河岸に横になった。虎の王は横になっても寝ずにロバを見張っていたが、しばらくしてロバに近寄ると、ロバはすぐに一度大きな声で嘶《いなな》いたので、虎の王は驚いて逃げて行った。逃げ続けて、とある森に着くと、そこで40頭の狼と出会った。

狼の一頭が「虎の王よ、どうしてこんなにして逃げてきたんだ？」と聞いた。虎の王は、「あちらには英雄ロバというのがいて、私を食べようとした。」と言った。40頭の狼が「さあ、私たちを連れて行け。」と言ったので、虎の王は40頭の狼を後ろに引き連れて進んだ。

道のりの半分ほどに来た時、狼の一頭が、「君はその場所にたどり着くなり、私たちを置いて逃げるつもりだろう。君と私たちを綱でつなごう。」と言った。40頭の狼は虎と自分たちを綱でつないだ。虎は狼たちの後ろから歩いた。英雄ロバのところまではあと少しだった。

英雄ロバは遠くから狼の群れが近づいて来るのを見て嘶いた。虎の王は真っ先に逃げた。40頭の狼は虎と綱でつながっているので、逃げる虎の後ろからあっちこっちに引きずられ、一頭の狼だけがやっと綱から抜けたが、あとの狼たちはみな死んでしまった。

狼が綱を怖がるようになったのは、この時からだそうな。

袋に入った狼

昔むかし、あるところに一人のお百姓がいた。自分の乗る一頭のロバ、鋤《すき》をつける一頭の牛のほかには何も持っていなかった。彼は妻のズゥフレと一頭の牛の力だけで、畑を耕して暮らしをたてていた。

ある日のこと、お百姓が耕している畑に、一頭の狼が、

「さあ、牛を食べようか、それともお前さんを食べようか。」と言いながら近づいてきた。

お百姓は狼が恐ろしくて、

「家には一頭のロバがいる。行ってそのロバを食べなさい。」と言った。

狼は言われたとおりに、お百姓がつないでおいたロバの方へ向かった。

それでお百姓は自分の命が助かったので、心の中で「ロバを食べたいなら食べてもいい。牛が残ったのはありがたい。」と考えた。しかし安堵している間もなく、
狼がまたやって来て、

「ハンと嘶いて一度蹴り、ビンと嘶いてもう一度蹴り。

牛を食べようか、それともお前さんを食べようか。」と言った。

お百姓はしかたなく、

「牛は私より貴い。私は牛より貴い。

家には妻が一人いる。名前はズゥフレという。彼女を食べろ。」と言った。

狼はズゥフレの方に行って、彼女を食べようとした。ズゥフレは手に麺棒を持ち、
狼を叩き続けた。狼は逃げてまたお百姓のところに来て、

「ズゥフレのところに行ったが、頭に頭巾を巻いて、手に麺棒を持って、

右に廻って一度叩き、左に廻ってもう一度叩いた。

やっぱり牛を食べようか、それともお前さんを食べようか。」と牙をむきだしながら言った。

狼はお百姓を食べるつもりだった。そこへ一頭の狐がやって来た。狐はお百姓がもう助からないと観念して震えているのを見ると、

「おい、狼の友よ。」と言った。狼は振り返って狐に、

「何だ？」と言った。狐が、

「一つ相談があるが、乗ってくれるか。」と言うと、狼は、

「ああ、いいとも。」と言った。狐は、

「袋に入れるか。」と聞いた。

「入れる。」と狼は答えた。

「それならば。」と狐は言って、

「とても簡単なことだ。君は先にこの袋の中に入《はい》ってみなさい。本当に入れたら楽園を見せよう。そうすれば喜びで前に過ごした日々などつまらなく見えてしまうんだよ。」

狼はこれを聞いて袋に入りたくなった。お百姓のそばにある一つの革袋を持ってきて、その中へ頭から入っていった。入ると嬉しくなって、

「おい、狐の友よ、入れただろう？」と聞いた。狐は大声で、

「お百姓さん、早く袋の口を閉めなさい。棒で思いっきり叩くんだ。革袋の空気を抜いて狼の糞が出るまで叩きなさい。」と言った。

お百姓は狐の言うとおり、しばらく叩いた。狼は死んでしまい、お百姓は命拾いをした。狐はどこへともなく立ち去っていった。

（『アワット県民話』より）

猟犬と鷲

昔むかし、ある夫婦がいた。二人には息子が一人あったが、もう一人女の子を授かりたいと泣きながら神様に祈っていた。夫は年老いていたが、妻は若かった。やがて望みがかない、妻は身ごもった。

月満ちて妻は一人の女の子を産んだ。しかし娘が生まれた日に、家畜小屋から一頭の羊がいなくなった。息子が驚いて羊を捜し回っていると、また一頭の羊がいなくなった。

息子はその夜、手に剣を持って家畜小屋に入り、眠らずに見張っていたが、明け方に眠ってしまい、さらに一頭の羊がいなくなってしまった。悔しさのあまり、息子は自分を責めて「見てろよ。」と言った。

二日目の明け方に、息子は手を傷つけて血を流し、塩を塗っておいた。手の痛みにうめいて眠れずにいると、空から一筋の炎が流れ星のようになって家畜小屋に落ちた。息子が剣で切りつけると、炎は悲鳴をあげて空へ昇っていった。息子はこのできごとに驚いて、朝になって囲いのあたりを調べると、小さい子の小指が落ちていた。

息子はこのできごとの子細を両親に話した。彼らは泥棒を見つけるために、隣の家や、町のすべての場所を捜したが、どこからも見つけることはできなかった。

夜になって母親が娘にお乳を与えた後、揺りかごを揺らしながら眠くなってうとうとしていると、揺りかごから炎が一筋伸びて出て行き、明け方にまた一筋の炎が戻って入って来たのに気がついた。それでも母親は娘を疑う気持ちにはなれなかった。しかし息子は町じゅうすべてを捜した末、母親に、「どこにも見つけられなかった。だからあの赤ん坊を見てみよう。」と言った。

見ると赤ん坊には小指がなかった。

「ああ神様、何という災いだろう。」と母親は言った。

「あの子を殺すしかない。」と息子が言った。

しかし母親はこれを許さず、父親も許さなかった。両親が承知しないので、どうすることもできず、息子は、「それならば、私が幸せになるよう祈ってください。私はこの町から出て行きます。」と言った。両親は嘆いて息子に思いとどまるようにと引き留めたが、とうとう仕方なく、息子が幸せになるように祈って見送った。

若者は手に一本の枝を持って旅に出て、砂漠をさすらった。ある湖の岸に出て一休みすると、彼は枝を湖のほとりにさしておいてから、他の町に向かった。町に着くとまずは5年から10年ほど日雇いで働いてお金をためると、家を建て、乗る馬も買った。生活が少し落ち着いたので、妻を迎えた。月日がたって妻は身ごもって男の子を産んだ。

妻と赤ん坊を見ているうちに若者は、両親や母が産んだ女の子を思い出し、生まれ育った故郷が恋しくなった。妻はそのようすに気がついて、「何を思っているの。」と聞いた。

故郷での出来事は妻に話していなかった。それで妻の頭をなで、頬に口づけをした。「話して。」と妻は言った。「両親に会いたくなったのだよ。」としまいに若者は言った。「会いに行っていらっしゃいよ。」と妻は言った。「いや、君は子どもを産んだばかりだ。どうしておいて行かれよう。せめて子どもの40日の祝いを終えてから行くことにしよう。」と若者は言った。

40日は瞬く間に過ぎた。若者は子どものビュシュックトイ（生後40日の行事）を祝うと、両親に会うための支度を整えた。家を出る前に彼は一枚の皿に牛乳を、もう一枚の皿にヨーグルトを入れた。鷲を止まり木につなぎ、猟犬を柱につないだ。

それから妻に、

「君は時期を決めて、この牛乳とヨーグルトを見なさい。もし牛乳が血に、ヨーグルトが膿《うみ》に変わったなら、すぐに猟犬と鷲を放しなさい。」と言った。

それから猟犬と鷲のところへ行って、彼らの頭と目をきれいにしてやってから、

「もし私が災難にあったら、私は君たちに三度叫んで呼びかける。その時に駆けつけてくれたら、私は無事でいられる。そうしなければ永遠のお別れになってしまうのだよ。」と言い聞かせた。

そして妻と息子と鷲に口づけをし、猟犬をなでてやってから、生まれ故郷に向かって出発した。長い道を進んで湖のほとりに来ると、あの時に挿しておいた枝は驚くほど巨大な木になっていた。その木陰で休んで疲れをとり、馬に草を食べさせるとさらに道を進んだ。

町の近くに行ってみると、町はすっかり廃墟となっていた。命あるものの気配さ

え感じられなかった。木は乾いて枯れてしまい、廃墟は幽霊屋敷のようだった。彼は立ち止まって考え、一瞬もどりたくなったが、その時たった一つだけ煙の出ている煙突を見つけた。彼は〈こんなに遠くから来て、様子も調べずに帰るのは臆病者だ〉と思い、煙突から煙の出ている家の中庭に入って行った。

すると家の中から額に一つ目のある娘が出てきて、「こんにちはお兄さん、とっても嬉しいわ。あなたは私のお兄さんでしょ。」と言って、彼を馬から降ろして、家に案内した。

彼も赤ん坊の時に自分が切った小指を見て、妹だと分かった。しかし額にある一つ目を見ると激しい怒りを覚え、すべてを察したので、妹には両親のことさえ尋ねなかった。この娘は両親も町の人たちも、鳥や家畜も残さず食べてしまったのだ。

娘は「兄さん。」と言った。兄は用心しながら「何だい、妹よ。」と言うと、娘は「お腹がすいているなら、ご飯を作ってあげるわ。」と言った。しかし心の中では

〈この人は私の小指一本を切ったのだから、ひと口では食べないでお湯を沸かして煮て食べよう〉と思っていた。「分かった、妹よ。」と兄は言ったものの、〈この私を鍋に入れて煮るのか。それから助かる道はあるのだろうか〉と考えていた。

まもなく娘は鍋に水を入れ、かまどに火をつけた。薪をとりに行った時に、馬の脚を一本食べた。

「お兄さん、あなたは三本足の馬に乗ってきたんじゃないの。」と妹は聞いた。

「そうだ、妹よ。」と兄は言った。

妹はもう一度出て、入って来ると、「お兄さん、あなたは二本足の馬に乗って来たんじゃないの。」と言った。

「そうだよ、妹、二本足の馬に乗って来た。」と若者は言った。

妹がまた外に出て行ったので、若者が〈そして馬を食べて、それから私を食べるのだろう〉と考えていると、妹は入って来て、

「お兄さん、あなたは馬を転がして来たの。」と言った。

「そうだ、妹よ。」と若者は言って、助かる方法を考えた。

「私は疲れたので、ドゥタールを貸してくれれば、食事ができるまで私は天井の天窓で足を垂らして弾いているよ。」

「いいわ。」と娘は言い、兄を天井へ登らせておいて、鍋の湯を沸かし始めた。

若者がドゥタールを弾いていると、一匹のイタチが来て、

「あなたの妹は町の人も家畜も鳥もすっかり食べてしまいました。私たちも見つかったら生かしておかないでしょう。あなたの馬も食べてしまったからこの家から出られない。あなたをも食べるでしょう。逃げて助かりなさい。」と言った。

「私はどうしたら逃げられるだろう。」と若者が言うと、イタチは、

「一つ目の鬼は40個のスプーン、40個の櫛、40枚の鏡を持っている。私はそれらを盗んできてあなたにあげましょう。あなたはこれらを持って逃げて、鬼が近づいて

きたら一つを投げなさい。鬼はそれを家に戻してから、また追ってくるから、来るたびに一個ずつ投げて逃げるしかないでしょう。」と言った。

若者が同意したので、イタチはこれらのものを盗んできて彼に渡した。若者は両方の靴の上まで砂を入れて、天窓から家の中へ垂らしておいて、天井から降りて逃げ出した。イタチはと言えば、若者がいた所でドゥタールを弾いていた。

一つ目の鬼は家畜小屋に入って、兄の馬をすっかり食べてしまったが、消化するのにかなりの時間がかかった。それからお腹が減ったので兄を食べようと、「お兄さん、降りなさい。食事ができました。」と言った。

「兄」は答えずにドゥタールを弾き続けた。妹は怒って「兄」の両足を摑まえて一度に引っ張ると、額の一つの目に砂がいっぱいにかかった。「今に見てろ。」と言って鬼は目をこすり、大変な苦労をして目に入った砂を取り出しながら、「兄」は兄でないことに気づいた。

「さあ、逃げ切れるものなら逃げてみろ。」と鬼は兄の後を追い、一度宙返りをして兄に近づいた。兄が後ろを見ると、黒い竜巻が近づいてきて、「へえ、逃げて助かると思っているのかい。町の人は誰も助からなかったのだから、お前も絶対に助からないだろう。」と言った。

若者は一本のスプーンを投げた。鬼は「くそっ」と言ってスプーンを拾って家に持ち帰り、また追ってきた。若者はまたスプーンを投げて鬼は持ち帰り、40回これを繰り返した。スプーンを使い果たすと、若者は櫛を投げた。櫛は通り抜けることのできない一つの大きな森に変わった。若者は逃げ続けたが、ふと見ると鬼はまた近づいてきた。一番最後に鏡を投げた。この鏡は果てしなく広大な河になった。鬼がこの河を渡っているとき、若者はあの湖のほとりに着いたが、もう逃げのびるすべがなく、あの枝が成長した巨大なティレック（白楊樹）の木に登った。鬼は河を渡り、湖のほとりに来て兄を見失ったが、懸命に捜してついには見つけてしまった。

しかしティレックの木に登ることはできなかった。

「お兄さん、お兄さん。」と鬼は言った。

「どうやったらあなたをティレックからおろせるの？」

「おまえの牙を一つ抜いて、32の牙のすべてを鋸にしてティレックを切ったら木は倒れる。そうすればお前は私を落とせる。」と若者は言った。

鬼は一本目の牙を鋸にしてティレックを切り始めた。若者はティレックの上から空と大地を見渡したが、鷲も猟犬も姿はなかった。

さてその頃若者の家では――。

若者が両親のいる町へ出かけてから随分時間がたっていた。妻は毎日牛乳とヨーグルトを見たが、血や膿に変わってはいなかったので、自分の実家に食事に招かれて行った。ところが猟犬と鷲が牛乳とヨーグルトを見ていると、一瞬にして牛乳が血に、ヨーグルトが膿に変わった。

鷲も猟犬も懸命に鎖を壊そうとしたが、自分ではどうにもできなかった。鷲は鋭い鳴き声をあげ、猟犬は吠《ほ》えてみたが、彼らを解放してくれる人は来なかった。

ちょうどその時、一つ目の鬼は30本目の牙を抜いてティレックを切っていた。鷲と猟犬は主人が彼らを呼ぶ最初の声を聞いた。猟犬は全力で鎖を引きちぎると、すぐに鷲の脚にある糸を噛み切った。ふたりは主人の方へ助けに向かった。道の途中でふたりは主人の二度目の呼び声を聞いた。

鷲は猟犬に、「君は私の後から来なさい。」と言って、上空から湖の方へ全力で飛んで行き、嵐のように一つ目の鬼に飛びかかって爪を突き立てた。両者は激しく戦った。鬼は疲れたが逃げ場所がなく、鷲から逃げるために湖に引きずり込んだ。この時に木が倒れて、若者は湖に落ちた。

鬼は瀕死の状態になっても兄を食べようともがいていた。鷲は片手で木の枝を摑み、もう一方の爪では鬼を摑んで離さなかった。そこへ猟犬がやって来た。怒り狂った猟犬は一つ目の鬼の肩に噛みついて二度揺さぶり、頭を湖の岸に叩きつけて全力で噛みついた。鬼は鷲を放して猟犬と戦った。両者は互いに引きずりあって一緒に湖に落ちた。

若者は懸命に湖の岸に向かって泳ぎ、一度沈んでまた浮かび上がりながらも懸命に岸に向かって泳いだが、最後には力が尽きた。鷲は翼を広げて若者を水から引き揚げ、抱き合った。それからふたりは、猟犬が無事に生きて湖から出てくるのか、あるいは鬼が生きて出てくるのかと心配しながら座っていた。

「もし、」と鷲は言い、「鬼が出て来たらあなたは私を全力で鬼にぶつけなさい。私は鬼を全力で摑んで空へ上がり、岩に叩きつけてやる。」と言うやいなや、湖の水が黄色くなって膿に変わった。

猟犬は湖を泳いで上がり、一度体を震わせると若者の前にしゃがんだ。若者は猟犬を抱きしめ、鷲に口づけして自分の腕にとまらせた。

こうして彼らは揃って自分たちの家へ帰って行った。

（『ウイグルの民話大編1』より）

ティレック（白楊樹）：オアシスの木々を代表するポプラに似た木。

狐の死

昔むかし、こんな出来事があったという。一匹のネズミが巣穴から出て、あたりを歩き回っていると、突然雷が鳴り、稲妻が光り、霰《あられ》が降ったので、ネズミは逃げだした。

途中で猫に出会った。猫はネズミに何をこわがっているのかと、「友よ、どうしたのか。」と聞いた。ネズミは「災いが来た、災いが来た、滅ぶ時が来た。逃げよう、早く逃げよう。」と言った。猫はすぐにネズミと一緒に逃げた。

しばらく行くと、犬に出会った。犬は「おい猫の友、どうしたのか。」「ネズミの友に聞いてくれ。」と猫は言った。「ネズミの友、どうしたのか。」「災いが来た、災いが来た、滅ぶ時が来た。逃げよう、早く逃げよう。」とネズミは言った。ネズミは猫と犬を仲間に加えて逃げた。そう遠くに行かないうちに、狐と出会った。狐は彼らに何が起こったのかと聞いた。ネズミはまたもやあの言葉を繰り返した。

狐は日が昇る前にネズミ、猫、犬を連れて逃げた。こうして逃げているうちに彼らは狼に出会った。狼はなぜこんなことになったのかと聞いた。ネズミはまたその時の言葉を繰り返した。狼もネズミ、猫、犬、狐に加わって逃げた。

彼らの集団は段々と大きくなり、わき目もふらずに逃げていくと、熊の勇者に出会った。熊はお互いにかたき同士のはずの者がこうして集まっていることに驚いて、なぜこうなったのかと聞いた。ネズミはまたあの言葉を繰り返した。恐れを知らぬ勇者の熊も彼らに加わって逃げだした。そう遠くに進まないうちに彼らは虎に出会い、虎も加わって逃げた。

彼らは恐怖のあまり、霰がやんで日が照っても後をも見ずに逃げ続けた。河を渡り、山を越え、空腹と疲れでへとへとになったとき、彼らは洞窟を見つけた。洞窟の中は暗いが広かった。彼らは相談して洞窟に入って休んだ。

落ち着くと彼らはお腹がすいたことに気づいたが、洞窟の中には口に入れるようなものは何一つなかった。狐は真ん中に出ると、「虎は私たちのお父さん、熊は私たちの主、狼は私たちのお兄さん、犬は私たちの主、猫は私たちにとって何でもない。すぐに食べてしまいましょう。」と言って猫を食べてしまった。

猫は貪欲な狐にとっては一度の食事にもならなかった。お腹がまたすくと、狐は舌を出して真ん中へ出て、「虎は私たちの父、熊は私たちの母、狼は私たちの兄、犬は私たちの何でもない。今直ぐに押さえて食べてしまいましょう。」と言って、犬を捕まえて首を絞めて食べてしまった。虎、熊、狼には一口さえも分けてやらなかった。狐は狼がそれほど大きくないと考えて、気づかないふりをした。

狐はまたお腹がすいてくると、一度飛び跳ねて洞窟の入り口の方へ行き、「虎は私たちの父、熊は私たちの母、狼は私たちの何でもない。今すぐに押さえて食べてしまいましょう。」と言って、飛び跳ねて狼を絞め殺した。狐はお腹がすいてたまらない熊をしり目に、自分のお腹を狼の肉でいっぱいにした。虎と熊のお腹もすいてきた。

狐は「虎は私たちの父、熊は私たちの母、洞窟は私たちの家、災いが収まるまで動かずにここにいましょう。」と言って洞窟の入り口をふさいだ。災いは来なかった。虎と熊は狐が正しいことを言っていると思って、動かなかった。

時間がたつと狐のお腹がまたすいた。狐は起き上がってずるそうに一度伸びをして、「虎は私たちの父、熊は私たちの何でもない、動かないように今すぐに押さえて食べてしまいましょう。」と言って、空腹の熊を押さえつけた。狐は巧みな技で絞めて、熊も殺して食べつくした。洞窟で虎と狐だけが残った。

今度は自分の番になりそうだと気づき、虎は狐を体当たりで倒して、洞窟から逃げ出した。狐は立ち上がって虎を追ったが、そう遠くへ行かないうちに道端に仕掛けてあった虎バサミにかかって死んでしまった。

虎はこうして逃げのび、鬱蒼とした森の中へ入って神に感謝した。この事件を聞いた者たちは〈他人をねらって落とし穴を掘ったら自分が落ちる〉という言い伝えは本当の話だった、と言い合った。

（『ミラス（遺産）』ウイグル語雑誌より）

註　日本でも〈人を呪わば穴二つ〉と言います。だれかを呪って殺そうとすれば、それは自分にかえってきて、墓穴は二つ必要になるという意味です。

山羊君

昔むかし、山羊君が、羊君、牛君と仲良く暮らしていた。ある日、三人は話し合って旅に出ることにした。そして自分たちの一人をリーダーに選ぶことにし、いろいろ考えた末、小川を一人ずつ飛び越えて一番遠くへ跳んだ者をリーダーにすることに決めた。

まず羊君が跳んだが、小川の真ん中に落ちてしまった。次に牛君が跳んだが、後ろの二本の脚が向こうの岸辺の水で濡れた。最後に山羊君は機敏にひと飛びして小川を飛び越え、遠くに着地したので、山羊君がリーダーに決まった。

三人は旅に出て、楽しく道を進んだ。草の穂先や花のつぼみを食べて、透き通った水を飲んで、とても楽しく旅を続けた。森から森へと進んでいくと、茂みのわきに一頭の狼の皮、一頭の虎の皮を見つけた。山羊君は牛君、羊君を見て、「友の羊君、この狼の皮を持って行きなさい。これは私たちに必要なものだ。」と言った。

彼らはさらに旅を続け、歩き続けて、とある深い森にたどり着いた。目の前に一つの古い廃墟があった。この廃墟の中で少し休もうと中に入ってみると、一頭の飢えた狼が横になっていた。狼を見た羊君と牛君は怖くて後ずさりした。狼は口を大きく開けて一度あくびをすると、三人に向かい、「ようこそ君たち、羊君は私の朝食に、山羊君は私の昼食に、牛君は私の夕食になる。」と言ってにやりと笑った。

この狼の言葉を聞いた羊君と牛君は、怖くて目の玉が飛び出そうになった。山羊君はすかさず壁の上に飛び乗って、「君たち、準備しろ。虎の皮は身頃《みごろ》になる。狼の皮は裾《すそ》になる。この年寄り狼の皮を剝ぎ取って素敵なコートを作ろう。」と叫んだ。

これを聞いた狼は恐ろしさに慌てふためき、さらに彼らが持ってきた狼と虎の皮を見て震えあがって尻尾を巻いて逃げて行った。三人の友は逃げていく狼を見て、笑いあった。疲れていた三人は、まず羊君が廃墟の上で見張りに立ち、山羊君と牛君は眠りについた。

さて狼の方はどうなったか。狼は命からがら走りに走って逃げ、息を切らして舌を思いっきり垂らしてあえいでいると、一頭の狐に出会った。狐は、「おやまあ、狼のお頭《かしら》、あなたは何も恐れるものはないはずなのに、今日は一体何があったんです。何で舌を垂らして息を切らしているんです。」と言って様子をうかがった。

狼は、「森の中でお腹をすかして横になっていたら、羊君、山羊君、子牛君がやって来た。喜んで子羊君を朝食に、山羊君を昼食に、子牛君を夕食にしようと思ったら、山羊君は〈虎の皮は身頃になり、狼の皮は裾になる〉と言った。見てみると彼らは本当に虎と狼の皮を持っていた。私をも〈皮を剝がしてコートの裾にしてやろうか〉と言うので逃げてきた。」と言った。

狐は嘲笑《あざわら》いながら、「なんとまあ、狼のお頭、こんなことを怖がって息を切らして、何を必死になっているんです。私たちで一緒に行って、やっつけてしまいましょう。」と言った。

狼が迷って、「おい狐、お前はお父さん、お爺《じい》さんの代から狡《ずる》いと伝えられている。私を騙して差し出すつもりか。」と言うと、狐は、「尻尾をつなげましょう。これで何が起きても一心同体。」と言った。狼は了解し、彼らはお互いに尻尾をしっかりと結んで道を戻り、あの古い廃墟に直行した。

廃墟で見張っていた羊君は、遠くから近づいてくる狼と狐を見て、すぐに山羊君を呼び起こした。山羊君が廃墟の上に登って見ると、狼と狐が近づいて来ているようだった。山羊君は、

「メエメエメエ、狡い狐、君は毎日狼を一頭捕まえるんじゃなかったのか。なぜ三

日たっているのにやっと一頭の狼しか連れてこないのか。早くしろ。」と叫んだ。

これを聞いた狼は、狐が本当に自分を騙していると思い、狐を引きずって一目散に逃げていった。山羊君はさらに、「どこへ逃げるのか。止まりなさい。」と叫び続けた。狼はさらに怖くなって必死に逃げた。汗をびっしょりかき、あえぎながらあるところへたどり着いてふと見ると、狐があおむけになっていて笑っているようだった。これを見た狼は、狐がすでに石から石へとぶつかって死んだことに気づかず、自分を嘲笑していると思い込み、こっちが死にそうな時にあざ笑うな、と激怒して狐を八つ裂きにした。それからまた、後をも見ずに逃げていった。狼は今も逃げているそうだ。

三人の友

昔むかし、鳥や動物たちはお互いの言葉を理解していました。しかし生活の範囲が狭いので、お互いあまり会うことはありませんでした。

ある時、それぞれの故郷から遠くにある森のかたわらで、雄鶏と雄羊とロバが出会いました。まず彼らは遠くから一度見て互いを威嚇しましたが、近くに寄る勇気はありませんでした。雄鶏はかわいそうに年をとって、首を真っ直ぐに立てていられないような有様でしたが、他人には気づかれないように、威張って胸を張り、地面をつついたり、首を空へ伸ばしたりしながらぶらぶら歩いていました。

雄羊はかわいそうなロバを見て、自分もやっと歩いている有様なのに、戦いの場で敵と向き合った時のように頭を低くし、いつでも攻撃できるように脚を一歩一歩動かして、脚で地面をトントンとたたき続けました。

愚かなロバはこの二匹の生き物は何をしているのかが分からず、無様に嘶き、そこへ糞を落としました。糞を見た雄鶏は首を振りながらロバの様子を見い見い、近づいて来ました。ロバは雄鶏が何をするつもりかが分からなくて、尻尾を振っていました。雄鶏は怖くなり、自分の危険を避けようと思って、飛んでいって雄羊の頭にとまりました。雄羊は〈他の二匹が急に攻撃した〉と怖くなり、後ずさりして走り去ろうとしたロバを左脚で蹴り、ロバは後ろに倒れました。

誤解のためにお互いに仕掛けた攻撃が終わり、三人はゆっくりゆっくりと近づきました。老いぼれてもいばりやの雄鶏は、「おい垂れ耳、君は何という生き物だ？」と聞きました。愚かなロバは「私はロバ。」と答えました。侮辱されていることに気づかないロバの返事を聞いた雄鶏はまたいばった態度を変えずに雄羊に向かい、

「おい君、頭に薪のような物を被っている君は誰だ。」と聞きました。雄羊は、「私の頭にあるのは薪ではない、角だ。私は雄羊だ。」と答えました。

「へえ、そうか。君たちは一人は垂れ耳のロバ、もう一人は雄羊だな。得意わざは何だ。」と雄鶏が聞くと、「私の得意わざは蹴ること。」とロバは言いました。「私の得意わざは頭突き。」と雄羊も答えました。そしてロバと雄羊は、「さてそういう君自身は誰だ。君の首は鍋の取っ手のように伸びる。私たちが聞くまで自己紹介をしないのか。」と聞きました。

雄鶏は「キイキイキイ、私は雄鶏、暁の使者、深い眠りに入っている者を起こす。」と翼をバタバタさせながら言いました。三人はお互いが何者かを知ったので、一緒に集まりました。

すると垂れ耳のロバが、「それぞれの名誉、名前や得意わざを考えると、お互いに危害を加えることはなさそうだ。皆で協力して暮らすのはどうだろう。」と二人に聞きました。雄鶏と雄羊は、「そうだな、一緒に暮らそう。」と賛成しました。しかし雄鶏は仲間たちの風貌を見て、自分が体が小さいので〈彼らは私を騙して食べてしまわないのか〉と不安になり、「ロバの友、そのような大きなお腹を何を食べていっぱいにしているのかい。」と聞きました。

「草を食べる。見つかればトウモロコシも。」とロバは言いました。無邪気なロバの答えに安心した雄鶏は雄羊にも、「雄羊の兄弟、君は。」と聞くと、「私も垂れ耳の兄弟だ。でも私の喉は少し細いので、いつも草の穂先を食べたくなる。」と雄羊は言いました。

「では君は何を食べるのかい。」とロバは首をまわして雄鶏に聞きました。雄鶏はロバの目線が怖くなり、「キイキイキイ、私は君の糞をついばんで命をつないでいる。」と言いました。雄鶏の答えを聞いて、雄羊とロバは大笑いしたので、恥ずかしくなった雄鶏は、「キイキイキイ、そのほかに虫や草の種をつまんで食べる。」と言い直しました。

彼らは互いに自分の性格を分かってもらいながら進みました。しばらく黙って歩くうちにつまらなくなった雄鶏は、「なあ君たち、いろんなところからこの森に来たのには、何かわけがあるのだろう。歩きながらお互いの生い立ちを話してみようじゃないか。」と言いました。

「よかろう、兄弟たち。まずは初めに君の経験を聞こう。」と雄羊とロバが言ったので、雄鶏は自分の生い立ちを話し始めました。

「私は元もとは闘鶏屋の雄鶏だった。私が雛《ひな》から大きくなって、鳴くようになってからずっと闘鶏屋は私を戦わせた。その日から私は頭と目を怪我して血だらけになった。そればかりか戦うことをやめたらマットに小石を包んで喉に押し込んだ。怪我をした所は一週間から十日ほどは治らなかったが、怪我が治らないままにまた戦わせられた。それで頭と目から膿《うみ》が出た。主人は私が血を流すのを生活の糧としていて、それ以外には全く働かない奴《やつ》だった。それでも私は半生を自分の仲間と戦って、血を流して過ごした。月日がたつにつれて、こんなことはしたくなくなった。戦いがあっても攻撃をしなくなった。なぜなら〈自分の仲間の血を流すことで闘鶏屋を太らせたのに、なぜそれを拒否しないのか〉と嫌になってしまったからだ。それでも闘鶏屋は私を戦わせたので、私はわざと負けた。それで闘鶏屋は一生かけて集めた財産の半分を失い、悔しさのあまり、私を殺して食べようとした。

私は彼に、〈私に同情するなら、私の流した血をあなたは十分に吸ったはずだ。私にはもう力が残っていないが生きていたい。〉と懇願した。彼は〈私はお前を殺さずには気持ちが収まらない。最後の一度の戦いで財産の半分を失ったのだからな。〉と怒った。私はさらに〈あなたの財産は私が自分の血で贖《あがな》ったものだ。あなたに財産を蓄えさせたことを考えて私を生かしておいてもいいだろう。〉と言うと、彼は少し考えた。私はそれを見て、〈知ってのとおり、私は他の雄鶏とたくさん蹴りあって体が固くなった。それに年も取ったので肉に歯がたたない。〉と言うと、闘鶏屋は〈それなら私の見えない所へ行ってしまえ。〉と手にほうきを持って追いかけてきた。

逃げる途中で君たちと会ったが、垂れ耳の友が尻尾をパタパタ振ったのが、闘鶏屋のほうきに見えてしまって、自分がどうすればいいか分からなくなった。」

と雄鶏は自分の生い立ちを簡潔に話しました。雄鶏の話が終わると、今度は雄羊が話し始めました。

「私の生い立ちも雄鶏の兄弟の生い立ちと同じだった。私はとある闘羊で暮らしをたてている人のもとで暮らしていた。これまで何度仲間の頭を割ったか知れない。長年戦いに出て、頭突きで目がまわり、目の前が真っ暗になり死んだようになった。それでも闘羊屋は私を常に戦わせた。

私は毎回ぶつかり合って同胞の頭を割り、その命の贖いで闘羊屋は賞金を手にした。私はある戦いで力尽きて負けてやっと命ばかりは助かった。これで闘羊屋は大損をし、悔しさと、私がもう役に立たないのが分かったので、殺して食べるつもりになり、ナイフを光らせてやって来て、私を捕まえようとした。

どうするのかと聞くと、〈もうお前は役に立たないから、殺してひき肉にしようと思う。〉と言った。彼の言葉に腹は立ったが、そこは抑えて、〈なぜ私を生かしてくれないのか。〉と言うと彼は、〈君はこんなに長生きをして肉が固くなった。私の喉につかえる。〉と言った。

私は生涯一生懸命に働いてきたのに、一度の食事の価値もないと聞いて、後ろに一度下がり、垂れ耳が仲間を突くように一度突くと、闘羊屋は後ろに倒れた。私は後ろを見ずに急いで逃げた。逃げる途中で君たちに会ったのだ。」

と雄羊も自分の生い立ちを話し終えました。今度はロバの番になりました。

「なあ兄弟たち、私たちにはみな悲しいことがあった。私たちの悲しみはみな同じだ。私は薪屋に貰われて、その日から薪屋は毎日遠くの場所まで長い道のりを二度、薪を運んで市場で売った。薪を売って得たお金で自分たちのために油や塩や小麦を買ったが、私のためには一度も小麦粉のかすやトウモロコシを買ってもくれなかった。一生腐った藁《わら》と餌を食べて暮らしていた。それればかりか薪で体が擦れて傷だらけになっても手当てをするどころか、傷を棒でつついて、私が痛みに耐えかねてのたうち回ると嬉しそうに笑った。どんなに疲れても私に薪を背負わせ、地面におろしてはくれなかった。

疲れ切ってこれからは平安に安心して暮らせたらと思っていると、ある日薪屋は私の頭から手綱を外し、〈もうお前は役に立たなくなった。私の前で死んでしまっても死骸は犬も食べまい。それよりはお前は今すぐどこかに行って人目につかない死に場所を探せ。〉とお尻を蹴って追い出された。この悔しさに耐えきれないまま、こちらに歩いてきて君たちと出会ったのだ。」

とロバも自分の生い立ちを話し終えました。

三人はお互いの生い立ちを聞いて同情し、共感しあいました。誰もが自分に同情する兄弟のあることを知って、落ち込みながらも救われた思いに、少しのあいだ黙って歩いていました。しばらくすると雄羊が「兄弟たち、君たちはこれからどうしようと考えているのかい。」と聞きました。

ロバと雄鶏は顔を見合わせて、すぐには返事ができずに、「君は自分ではどうしたいのか。」と聞き返しました。すると雄羊は、「私はあることを心に決めた。君たちは賛成しないかもしれないと思うと、言えるだけの勇気が出せずにいたのだ。」と言いました。ロバと雄鶏は、「さあ言ってみなさい。相談すれば何かできるかもしれないじゃないか。」と言いました。

雄羊は、「できるだろうか。私は皆で協力して仕返しをしたらいいと思う。君たちはどう思う。」と仲間たちを心配そうに見ました。「そんなことができるのか。」

と不安そうに言う雄鶏とロバに、雄羊は心に留めていた計画のすべてを話しました。雄鶏とロバもその意見を聞いて、戻って仕返しをすることに賛成して元の道を引き返しました。彼らは歩き続けて、少し歩いたかたくさん歩いたかは分からないが、ともかく翌朝、薪屋の門の前に着きました。

打ち合わせていたとおり、雄鶏はさっと塀の上に飛びあがり、「キイキイキイ、君の血を飲むために私たちは来たぞ。」と言いました。薪屋は雄鶏に土の塊を投げましたが、雄鶏はすばやく身をかわして飛び降りました。雄鶏はまたも塀に飛び上がり、もう一度同じことを叫びました。

これに怒った薪屋は「さあ、誰の血を誰が飲むのか。」と、雄鶏を捕まえて羽をむしろうと、門を開けて外へ出てきました。身構えていた雄羊は走ってきて一度突いたので、薪屋は後ろに倒れました。ロバも走ってきて噛みついて振り回して蹴りました。雄羊は続けて角で突きました。雄鶏は塀の上から「キイキイキイ、思いっきり殴れ。」と言いました。薪屋は痛さのあまり、「オーオー。」と悲鳴をあげましたが、やはり無傷ではすみませんでした。

三人はロバの仕返しを終えて先に進み、闘羊屋の門の前にたどり着きました。雄鶏はまた塀の上に飛び乗り、「キイキイキイ、私たちは来た、私たちは来た。あなたの血を飲む。」と鳴きました。

これを聞いた雄羊の元主人は〈何の騒ぎだ〉と思って確かめようと外へ出たとたんに、身構えていたロバが下っ腹を目がけて思い切り蹴ったので、闘羊屋は死んでしまいました。三人は時間もかからずに雄羊の仕返しを遂げました。

三人はそのまま雄鶏の仕返しのために道に出て歩き、ほどなく闘鶏屋の門の前に来ました。雄鶏はまた塀の上に留まって、「キイキイキイ、私は来た。男なら出て来い。あなたの血を飲む。」と鳴きました。

闘鶏屋は自分が追い出した雄鶏と分かったので、「私は君の血を飲まなかった。

君は私の血を飲むつもりなのか。さあ誰の血を誰が飲むのか。」と外へ走り出ました。闘鶏屋が出てくるのを待っていたロバと雄羊は一緒に攻撃に出ました。闘鶏屋が立ち上がれなくなると雄鶏は「友よ、そのくらいでいいだろう。このならず者、私の蹴りと突きを味わうがいい。」と彼の頭と目をつついて蹴りました。こうして三人は雄鶏の仕返しも遂げました。

それ以来この三匹の生き物たちは別れずに協力して暮らし、どこへ行くにもロバは雄鶏を背中に乗せて歩きました。それで今でも雄鶏たちがロバの背中に乗っても、ロバは自分の先祖が残した友情を大切にするために、耳を垂らして静かにしてあげているのだそうです。

（『ウイグルの民話集』第13集より）

傲慢《ごうまん》な象

昔むかし、ある森にとても大きな一頭の象がいました。象は自分が大きく、強くそして機敏であるとうぬぼれて、森の他の動物たちを見下し、草もおかまいなしに踏みにじりました。気が向くと鼻でとても大きい松の木を抜いて捨て、木の上に暮らす鳥たちの住まいを奪い森を台無しにしました。

象のこの無法な行いは森のすべての生き物たちを大変怒らせましたが、これを表立ってやめさせる勇気はありませんでした。ついには森の生き物たちはこっそり集まって、どうしたら象の横暴から救われるかについて話し合いましたが、良い知恵も浮かびませんでした。すると一本の草にとまって彼らの話し合いをずっと聞いていた蚊が大笑いをしました。皆は蚊を見て驚いて、「蚊君、私たち皆が生きるか死ぬかの心配で悩んでいるというのに、なぜ私たちをからかっているのか。」と言いました。

蚊は「この奇跡のような世界に驚いているんだ。」と笑い続けながら、「私は皆さんよりも弱くそして小さく造られているが、君たちを虐めるあの傲慢な象の皮膚をつついてたっぷり血を吸える。こう考えれば皆さんより私の方が力があるようだ。どうですか、私が仕返しをしてあげようか。」

「戯言《ざれごと》はよせ。」と皆は蚊を見て言いました。「君はただ余った血を吸うだけだ。これはたぶん象の痒《かゆ》いところが一時おさまるかもしれないが、さもなければまた元に戻って、体を一本の松に擦《こす》りつけなければならなくなって、小鳥たちを怖がらせる。私たちをからかうのもいい加減にしろ。」

「そうじゃないんだ。」と蚊は自分の考えを述べました。「私が象の目を刺すと、象は目を傷つけないようにと松の木にあまりひどくはこすらなかった。しかし何度もくりかえせば象の目は傷つく。ここでハエの友の応援を頼む。象の傷ついた二つの目に卵を産んでもらえば、幼虫たちにとってまたとない住み処《か》になる。考えてみなさい。これは皆さんの仕返しにはならないかな。」

皆は蚊の言葉に納得して頷《うなず》きました。

するとそこへ草の間から一匹のカエルが飛び出してきて、皆に向かい、「傲慢な象に私も二人の子を踏み殺された。私もそのことに怒っている。蚊の言葉に私はもっと強い復讐の方法を考えた。私はそれを今は言わないが、まずは蚊の計画を実行してみようじゃないか。そのあとで私は自分のやるべきことをやるつもりだ。」と言って、また草の中に姿を消しました。

皆は〈カエルに何ができる〉と思ってカエルの言葉をあまりまともには受け取り

ませんでしたが、蚊の考えには喜んで支持して、早く実行するようにと促しました。

蚊は自分の約束どおりにすぐに飛び立って森の奥に入り、傲慢な象を探し出して目を刺し始めました。象はじっとしていられないほどの目の痒みを抑えようと松の木にこすりつけました。蚊は象に休むひまも与えずに、何度も目を刺しました。あまりに松の木に目をこすったために、ある晩、象の瞼が切れて血がにじみ出ました。次の日にハエが来て象の傷に卵を産み付けました。幼虫はどんどんふえて傷は大きくなり、象は目が見えなくなって動いたり、食べ物を選んで食べることができなくなってしまいました。象の頼れるものは耳と嗅覚だけになりました。

ある日象はとても喉が渇きました。耳と嗅覚だけでは水を探すことができなくなったので、どうしてよいか分からずに口をパクパクして横たわっていると、急に近くでカエルが鳴きました。象は自分が元気だったころの経験で、〈カエルは必ず水のある場所にいる〉と考えてカエルの声の聞こえる方へと歩いて行きました。カエルは鳴いてはひと跳ね、また鳴いてはひと跳ねと繰り返して、ついには象を険しい崖のふちへ連れて行きました。象はカエルの鳴き声を追いかけてやっと歩いた末に、崖から落ちて死にました。

象は最後に、森のすべての生き物や虫たちの食べ物となったのでした。

（『ウイグル人の物語』第5集より）

小指

　ある男に二人の娘がいた。妻が亡くなってしまい、再婚した。娘たちのまま母は家にやってくると、姉娘を家事に使ったが、妹娘は養うのが嫌になった。そのうちにこのまま母が身重になると、つわりで人の肉が食べたくなった。この妻は残忍にも夫に「下の娘を食べさせてくれ。」と懇願した。娘たちの父親は懸命に反対したが、とうとう妻を説得できずに妹娘を殺してしまうことに同意した。

　まま母は姉娘に「遊びに行きなさい。」と言って家の外に出し、下の娘を鍋に入れた。そして姉娘が帰ってくると、「鍋の蓋を開けずに竈《かまど》に火をつけなさい。」と命じた。姉娘は竃に火を付けながら鍋の中が気になってしまい、そっと蓋を開けてみると、バラバラになった妹が入っていた。姉娘は急いで妹の小指を一本取り、綿に包んで門の上に置き、泣きながら竃に火を焚き続けた。

まま母は姉娘の泣いているのを見て、「ねえ、何で泣いているんだい。」と聞いた。姉娘が「目に煙が入ったの。」と答えると、まま母は「そうかい。」と言ったきり気にも止めなかった。まま母は肉が煮えると姉娘を外に出し、たらふく食べてつわりを抑えた。

何日かたったある日、綿に包まれた小指は一羽の雀に変わり、飛び去っていった。雀が飛んでいくと、ブドウ棚の下で奥さんたちが糸紡ぎをしているのに出会った。雀はその上を飛んで枝にとまると、「ピイピイピイ、私は自分の父親に殺された。まま母に食べられた。大事な優しい姉さんが私の命を守ってくれた。」と鳴いた。

「あら、雀が何て鳴いているの。もう一度鳴いてごらん。」と奥さんたちの一人が言った。「手で紡いだ糸をくださったらもう一度鳴いてあげましょう。」と雀は言った。「いくらでも糸を持って行きなさい。」と奥さんはひと束の糸を与えた。雀はもう一度鳴いた。雀は恩を返すつもりで鳴いて、もらった糸で姉さんにドッパ（帽子）、スカーフ、靴を買って贈った。

雀はある日、王様の果樹園にとまり、「私は自分の父親に殺された。まま母に食べられた。大事な優しい姉さんが私の命を守ってくれた。王の街には正義はなかった。」と鳴いた。王様はこの雀は賢い、この雀を食べたら私も賢くなる、と考え市民たちに雀を捕まえるように命令した。〈王の勅命〉とすべての市民が雀を追いかけ、ついに雀を捕まえて王様に渡した。

王様は雀を殺して食べたが、雀は王様のお腹の中でなおも王様を非難して鳴き続けた。王様もこれにはどうしようもなく、薬を飲んで雀を吐き出そうと考えた。王様は首切り役人に剣を持たせて、「雀を吐き出したらすぐに切れ。」と命じた。王様は薬を飲んで目玉が飛び出すほど苦しみ、やっと一度嘔吐した。雀は王様の大きく開いた口から飛び出し、素早く飛び立ったので、雀を切るつもりの首切り役人は王様の首を切ってしまった。

雀は枝にとまって、「私の心は晴れた。王の首は切られた。」と鳴いて姿を消した。雀はそのまま、まま母の家へ飛んで行き、まま母の頭にとまり、「ピイピイピイ、自分の父親に殺された。人でなしのまま母に食べられた。大事な優しい姉さんが板の上に置いて私を守った。」と鳴いた。

まま母は頭にいる雀を捕まえようと手を伸ばしたが、雀は飛びながら鳴き続けた。どうすることもできないまま母は、娘たちの父親に、「私は動かないで立っているから、雀が私の頭にとまったらあんたは棒で打って殺してよ。」と言った。雀は飛んできてまま母の頭にとまり、父親がやったことも加えて罵り、鳴き続けた。

父親は棒を高く振り上げて雀を思い切り打ったが、雀はさっと飛びすさって木の枝にとまった。棒はまま母の頭をしたたかに打ち、まま母は死んでしまった。
雀は枝にとまって鳴いていたが、私の話はここで終わります。

（『ウイグル人の物語』第6集より）

註　今もオアシスに暮らす女性たちは、日中の強い陽ざしを避けて、ブドウ棚の下でいろいろな仕事をします。

許しがたい罪

ある日、頑迷な狼、狡猾な狐と愚か者のロバが、自分たちの罪について互いに話しました。三人はそれぞれ自分の罪をわびながら話しました。まず狼が話し始めました。「私はある日とても腹がたったので、太った大きな雌鶏を食べたが、後になって正しい行いをしなかったことが分かった。なぜなら雌鶏は12羽のヒナたちを置き去りにして、自分は森の中へ食べ物を探しに出ていた。母鶏を食って戻ったら、ヒナたちは鳴きながら私の前に来た。私は彼らの頭の鈍い母親がヒナたちを置き去りにして森を歩きまわったことに、とても憤りをおぼえて、ヒナたちに同情した。そのため私は母鶏がしたようなとんでもないことはせず、ヒナたちを一羽も残さず食べた。」

「おお、あなたはとても正しいことをしました。」と狡い狐は跳んで立ち上がり、「ヒナたちをほったらかしにして森へ入った雌鶏に罰を与えたのです。もしあなたが良いことをしてこのヒナたちを食べなかったなら、かわいそうなヒナたちは母親なしでどのように生きていったのでしょう。そのことはどんな罪にもならない。」

それから狐は自分の話に移りました。「私も自分の罪を話そう。友人たちよ、しかしこれは罪にあたるのか、あたらないのか、あなたたち自身で評価してくれ。私はある日一羽の雄鶏の頭を捕まえて捥《も》いだ。しかこのことは雄鶏自身に原因がある。雄鶏は明け方早くに鳴いて皆を起こしてしまった。私は森の中であなたと同じように皆から尊敬されている動物たちの眠りを妨げないように、未然に防いだ。あたりが明るくなって、頭をもがれた雄鶏を見た雌鶏たちは大泣きしてうるさかったので、雌鶏たちも食べて静かにした。」

「このことも、もちろん彼らの間違いだ。」と狼は狐の背中を叩いて言いました。「君は自分自身で正しい行いを学んだ。自分たちの間違いのために殺された鶏たちが悪いのであって、君が過ちをしたとは言えないだろう。」

今度はロバの番になりました。「私は過ちのためにずっと今日まで自分を許せずにいる。とてもお腹が空いていたある日に主人から許可をとらないで、束ねてあった干し草を一掴み食べてしまった。」と言ってロバは憂鬱そうにうなだれてしまいました。

「ああ！」と狼は叫び、「君は本当に良心がない。あなたの主人に犯した罪をどう思っているんだ。」と言うと、狐も狼に同調して、「私はこれと同様な裏切り者を未だかつて見たことがない。この過ちを私たちは許せない。」と狼と狐は喜んで、このかわいそうなロバを山分けにして食べてしまいましたとさ。

猫のハジ

あるものはあり、ないものはない時代、生ける者は時には飢え、時には満腹だった。あるところに一匹の年取った猫がいました。目がとびだして背中が丸くなり、脚も弱り、口には歯もありませんでした。目の前を通り過ぎた一匹の小ネズミを追っても、捕まえられなかったことから〈悔しい〉と座り込んで、空腹のあまり目にたくさん涙をためて若かったころのことを思い出していました。

猫は考えぬいてある方法を思いつきました。頭にターバンを巻いて手に数珠を持ち、それから礼拝のための絨毯《じゅうたん》を敷いて、ケブレに向かってとても穏やかな表情で、ネズミたちを見ないふりをして座り続けました。

巣から出たネズミはまず頭を出すなりすぐ引っ込んで戻り、またそっと頭を出して様子を見ていました。ネズミは猫が静かにしているのを見て、巣に戻って他のネズミたちに猫の様子が変わったと言いました。

ネズミたちは信じられないので、勇敢で機敏な偵察のネズミを出してみました。彼は巣から出てみて、先ほどのネズミの言ったことは本当だと分かりましたが、まずは試してみようと思い、初めに遠くの方を通りましたが、猫はネズミを無視しました。それから猫の前を通り抜けましたが、猫は追ってきませんでした。これを見たネズミは巣に戻って、他のネズミたちに知らせましたが、ネズミたちはまだ信じないで一匹の使者を送りました。

使者のネズミは怖さで震えながら猫の前に来ましたが、話をしないですぐに逃げようとしました。これに気づいた猫は目も開けずにネズミに向かって、

「止まれ、逃げるな。私は君を襲わない。私は年老いた。若いころは君たちに本当

に乱暴なことをした。今ではアッラーの前には罪人となった。私は巡礼に行って、ハジになって戻って来た。そして神の前に過去の自分の過ちを懺悔《ざんげ》した。君はすべてのネズミに伝えなさい。彼らが私の前に来るように。私は彼らのある者には子どもを、ある者には母を、ある者には父を、ある者には兄弟を殺した。まさにこうした罪のためにそれらを謝罪したい。」と涙を流しながら言いました。

使者のネズミは立ち上がって、〈私を食べないのか〉と疑い、後ろを気にしながら巣に入りました。ネズミたちは使者の前に来て、「いったい猫はどうしたのか。」と聞きました。使者のネズミは、「猫は巡礼に行ってハジになって戻って来た。謝罪するつもりになったそうだ。その後にはお互い友人になって暮らしたいと言っていた。」と言いました。

そうはいってもネズミたちはさらに試してみようと、一匹、二匹と巣から出てみました。はては礼拝用の絨毯の上を通ってみました。しまいにはあるいたずらなネズミが猫の尻尾を噛んでみたりしましたが、猫はずっと数珠をまわしながら座っていました。

最後まで安心できなかったネズミたちはお互いに伝えあって、猫と友人になるつもりになって、みんな巣から出て猫の前に来て、礼拝用の絨毯を囲んで座って誠実に話し合いました。猫のハジは泣き続けながらネズミたちに謝罪しました。それから身体を清めて二度目のお祈りをすると言いました。ネズミたちはどんなお祈りをするんだろうと興味をもって見ていました。猫は〈清めたい〉と言って水差しを持って隅の方へ行き、頭のターバンを裂いてネズミたちの逃げる穴を塞ぎました。それからすべてのネズミたちを一匹残らず捕まえてしまいましたとさ。

（『ウイグルの民話集』第6集より）

註　ハジはイスラーム宗教指導者のこと。ケブレは礼拝のときに向かう聖なる方角のこと。

猿の歌

大昔、虎が盗賊で、狐が手下で、狼が密偵だった時代、一匹の猿と一人の妖怪が暮らしていました。

二人が知り合う前のこと、妖怪は世界を巡り歩いてある鬱蒼とした森にやってきました。この森は言葉に表せないほど美しく、木々の間に生えた様々な花は良い香りを放って心を惹《ひ》きつけ、鳥たちの心地よい鳴き声は心に安らぎを与えてくれるのでした。そこで妖怪はこの森でしばらく暮らすことにしたのです。

ある日、妖怪が森の中を散歩していると、一匹の猿が木から木へ跳びうつりながらやってきました。妖怪は驚いて猿に木から降りてくるようにと招きました。猿が地面に降りてくると、二人は言葉を交わして大変仲の良い友人になりました。しかし、妖怪はずるいので、日がたつうちに猿に何かと迷惑をかけるようになりました。猿の住む森には少しばかりの畑があり、猿は一日中畑で働いて、いろいろな種類の野菜を育てていました。妖怪の方は猿が作ったものを働かずに取ってしまおうと思い、猿の作物を食べて楽をしていました。猿はこのことに腹を立てましたが、口には出さずそのままにしていました。

日がたつうちに畑の野菜もなくなってしまいました。妖怪はそれを気にとめないばかりか、猿に食べ物を探して来いと命令するようになりました。猿が取って来た食べ物は、妖怪がまず自分が食べて残りを猿にやるのでした。二人はこのことが原因で、ある日とうとう言い争いになり、喧嘩になりました。

猿は長い棒と短い棒を作り、妖怪を連れて家に入り、二本の棒を前に置いて、「喧嘩するなら思う存分やろう。君はこの二本から一つを選べ。」と言いました。妖怪は「私は大きい方を選ぶ。」と言ったので、猿は短い棒を、妖怪は長い棒を持って激しい戦いになりました。妖怪は長い棒を振っても壁や天井につかえて猿を叩けませんでした。妖怪はいらいらして「外で戦おう。」と懇願しました。猿が「分かった、外で戦うならどのようにして戦うのか。」と聞くと妖怪は、「棒を取り換えて戦おう。」と言いました。

それで二人は外に出て棒を取り換えて、再び戦い始めました。猿は妖怪を近くに寄せず、長い棒を使って思い切り叩きました。今度も戦いで負けた妖怪は、最後に猿に「また友人に戻って暮らせたら。」と懇願し、猿に自分と一緒に世界へ放浪の旅に出ようと持ちかけました。猿が同意したので二人は出発しましたが、何日かして二人とも疲れ切ってしまいました。

妖怪は、「友よ、二人で順番に歌を歌おう。歌っている人が歌い終わるまで、もう一人が背負って歩くことにしよう。」と言いました。猿は同意して、初めの順番を妖怪に譲り、妖怪を背負って歩きました。妖怪はしばらく歌っていましたが、知っている歌が終わりに近づいたので、歌をうんと伸ばして歌い始めました。

猿が、「やめるのかい。」ときくと、妖怪はちょっと鼻歌を歌ってまた静かになり、長い間そんなことを繰り返したあげく、仕方なく地面におりて猿を背負って歩きました。猿は妖怪の背中に乗ると〈ライ、ライ、ライ〉と叫び続けていました。妖怪が我慢しきれずに、「もう少しで終わりか。」と聞くと猿は「安心しろ、ライ、ライ、ライが終わったらナイ、ナイ、ナイがある。」と言ったので、妖怪は仕方なくまた歩かなければなりませんでした。

〈あんな鍋にこんな柄杓《ひしゃく》を〉という格言はこの物語から残ったのです。

（『ヨプルガ県民話集』より）

註　日本にも〈破《わ》れ鍋に綴《と》じ蓋《ぶた》〉という言い習わしがあります。自分たち夫婦を似たもの同士だと謙遜して言う言葉なので、他人に対して使うのは適切ではありません。

千の呪い

昔むかし、一匹の狐がいました。飢えて力尽きて死にそうになったとき、堆肥の上に腹這って居眠りをしている一羽の雄鶏を見つけたが、とびかかりたい気持ちはおさえていました。

「なんでしょうか、兄さん。」とやっとのことで雄鶏が言うと、狐は傲慢に、

「君は罪をたくさん犯しているので、私は君を食べる。」と言いました。

「私にどんな罪があるんですか、兄さん。」と雄鶏が言うと、狐は、

「三つの罪がある。」と答えました。雄鶏は驚いて狐を見つめました。

「一つめの罪はこれだ。すべての動物たちが寝ている時に、大声で鳴いて彼らの眠

りを妨げている。」

「分かりました。これからは鳴きません。」とかわいそうな雄鶏は言いました。

「二つめの罪はこれだ。」と狐は雄鶏の話をさえぎり、

「君は王様でも持っていないような宝石の冠を持っている。それを君はどこで見つけた。」

かわいそうな雄鶏は怖くなり、頭を振って真っ赤なとさかを揺らしました。

「このとさかは先祖代々からの冠ですよ。」と雄鶏はようやく言いました。

「先祖代々からのとさかだって。」と狐は声を張り上げ、「なぜ他の者はとさかを持って生まれてこないんだ。」

「三つめの罪はこれだ。誰もが一人の妻で満足しているのに、君は40羽の雌鶏を連れて歩いている。この三つの罪の理由で君を食べる。」

気の毒な雄鶏は絶望しかかりましたが、ふと思いついて、

「狐の兄さん、食べられることは仕方がない。でも私を食べる前に〈いただきます〉と言って、一度お祈りをしてください。」と言いました。

「いいとも、アーメン。」と狐が祈りのために手を挙げたすきに、雄鶏は全力をふり絞って飛んで塀の上に登り、大きな声で鳴きました。騙された狐は地面の上で何かぶつぶつ言っていました。

「狐の兄さん、何を言っているんです。」と雄鶏が聞くと、狐は、

「お腹をいっぱいにする前に祈りを捧げたことに千の呪い、と言ったのだ。」とよだれをたらしながら言いましたとさ。

（『イエンギシェヘル県民話集』より）

註　イスラームのほか、時々、キリスト教的要素が散見されるのも、文明の十字路の物語らしいところです。

熊のベグ

昔むかし、自然も美しく、善良な村人たちの住む村がありました。村人たちは正直で優しく、皆幸せに暮らしていました。ある日見るからに醜く、おでこの出っ張った一人の商人がこの村にやってきました。彼はとても狡猾な人で、他の人の手にある小さなものでも手に入れようとしました。またひどい嘘つきでもありました。彼がこの村に店を開くと、村の住民にはみるみる被害が広がってしまいました。村人たちはどうしたらこの狡猾な商人から救われるかを、話し合いました。

この村には野生の動物を調教する人がいました。彼はある日幾人かの若者と協力して、一頭の熊を捕まえ、後足で立って歩き、〈素晴らしい〉という言葉を言えるように調教しました。

ある一日、市場が開く日に、この熊は上等な服を着せられ、自分で大きな一つの肩掛けカバンを背負って、動物使いに連れられて商人の店に行きました。商人は熊のベグの体と外観を見て、ついペコペコお辞儀をしてしまいました。

動物使いは商人に、「この熊は私の主人の熊のベグだ。このお方は気に入った商品を買うときは値切らない方です。さあ商品を見せてください。」と言い、熊のベグは「素晴らしい。」と言いました。

商人は〈本当に大金持ちのようだ。こいつを騙して一つ大儲けしてやろうか〉と考えました。商人はまだ売れていないひと束の布を出して、大げさに自慢しました。「素晴らしい。」と熊のベグは言いました。〈布を手にとってよく見ることもしないで『素晴らしい。』と言うこの馬鹿。商品を全部見せて、高く売りつけてやろう〉と商人は内心ほくそ笑んで、ひと組の布を手に取り、「この布の値段は金貨で50万。」

と言うと、熊のベグは「素晴らしい。」と言いました。商人は次々と商品を見せ、熊のベグもお腹をさすりながら〈素晴らしい。〉と言い続けました。

店の商品がからになると、動物使いは熊のベグを見て、「これらの品を借りた馬車に積みましょうか。」と聞きました。

「素晴らしい。」と熊のベグは言いました。動物使いは商品を運んだ後に店に戻って、「御者《ぎょしゃ》が商品を落とさないように、私が一緒に行きましょうか。あなた様は勘定をして戻られますように。」と言うと、熊のベグは「素晴らしい。」と言いました。

動物使いが店から出て行くと、商人は勘定もそこそこに、「合計でお値段は金貨3500万になりました。」と言いました。「素晴らしい。」と熊のベグは言いました。

「素晴らしいとおっしゃるなら異存はない。それでは支払ってくださいますか。」

「素晴らしい。」商人は怒って、「〈素晴らしい〉と言うだけではだめだ。金を払え。」

「素晴らしい。」と熊のベグは言いました。怒った商人は門を閉めるかんぬきで熊のベグを一度叩きました。熊のベグは〈素晴らしい。〉と吠えて商人の頭を一発殴ったので、商人は死んでしまいました。

熊は山へ帰って行きました。悪い商人は死んで、村人たちは再び安心して暮らし始めたとさ。

（『新疆青少年』新聞1988年より）

かんぬき：漢字は形のとおり「閂」。門の内側から横棒を渡して開かないようにする仕組み。

狐を追い出す

昔、一匹の狐と一羽のウサギがいました。狐には氷で作った小さな家があり、ウサギにも木の皮で作った小さな一軒の家がありました。

美しい春がやってくると、狐の家は溶けてしまいましたが、ウサギの家はそのままでした。それで狐はある晩、ウサギの家に泊めてほしいと言って、家を借りましたが、恩知らずにもウサギを追い出してしまったのです。

ウサギは泣きながら道を歩いていました。一匹の犬がウサギを見つけて、

「ワン、ワン、ワン！　ウサギちゃん、君はどうして泣いているの。」と聞きました。

ウサギは、

「なぜ泣いているのかって？　元もと私には木の皮で作った家が一つあった。狐には氷で作った家があったが、狐の家は溶けてしまったので、ある晩私の家に泊まってそれきり私を追い出してしまったのだ。」と答えました。

「泣くな、ウサギちゃん。私は君を助けよう。」と犬は言って、二人は家の門の前に来ました。犬は吠えかかって、

「ワン、ワン、ワン。おい狐、ここから出て失せろ。」

狐はオンドルの上に立って二人に、

「私が一度跳ねたら、地面は全部砂と砂利と石で覆われる。」と言いました。犬は怖がって逃げて行ってしまいました。

ウサギがまた泣きながら歩いていると、一頭の熊に出会いました。

「ウサギちゃん、どうして泣いているのかい。」

「どうして泣いているかって？　私には木の皮で作った一軒の家があった。狐が一

晩泊まりたいと言って私の家を借りて、それきり私を追い出したのだ。」

「泣くな、私が君を助けよう。」

「君は私を助けられない。犬が狐を追い出すと言ったが追い出せなかった。君も追い出すことはできない。」

「いや、追い出してみせる。」

二人は家の前に来ました。熊はすぐに吠えて、「おい狐、ここから出て失せろ。」と言いました。

しかし狐がオンドルの上に立って、「私が一度跳ねたら、地面は全部砂と砂利と石で覆われる。」と言うと、熊も怖がって逃げて行きました。

ウサギがまた道を歩いていると、偶然にも一頭の雄牛に出会いました。

「ウサギちゃん、どうして泣いているの。」

「なぜ泣いてるのかって？　私には木の皮で作った家があった。狐には氷で作った一軒の家があった。狐は一晩泊めて、と言ってそれきり私を追い出した。」

「行こう、一緒においで、私が君を助けよう。」

「いいえ、雄牛さん、君も私を助けられない。犬は私が狐を追い出すと言ったが追い出せなかった。熊も私が追い出そうと言って追い出せなかった。君も狐を追い出せない。」

「いや、私は追い出せる。」

二人は家の前までやって来ました。雄牛はすぐに唸り声をあげて、

「おい狐、ここから出て失せろ。」と言いました。

しかし狐がオンドルの上に立って、

「私が一度跳ねたら、地面は全部砂と砂利と石で覆われる。」と言うと、雄牛も怖くなって慌てて逃げて行きました。

ウサギはまたもや泣きながら一人で歩いていきました。前よりもいっそう激しく泣いていました。すると鎌を持った一羽の雄鶏と出会いました。

「クークークー。ウサギちゃん、なぜ泣いているの。」

「なぜ泣いているかって？　私には元もと木の皮で作った一軒の家があった。狐には氷で作った家があった。狐は一晩泊まると言って、私の家を借りてそれきり私を追い出した。」

「行こう、二人で行きましょう。私は君を助ける。」

「いいえ、雄鶏さん、君は私を助けられない。犬も追い出すと言ったが追い出せなかった。熊も追い出そうと言って追い出せなかった。雄牛も言ってたが追い出せなかった。君も追い出せない。」

「いいえ、私は追い出せる。」

二人は家の前まで来ました。

雄鶏は思いっきりひと跳ねし、翼を拡げて立ち、大声で、

「クークークー。私は鋭い爪で歩く。私の肩には鎌がある。狐の頭を切り落とす。おい狐、早くオンドルの上から降りて、ここに来い。」と叫びました。

これを聞いて怖くなった狐は、

「今靴をはいている。」と言いました。雄鶏はまた大声で、

「クークークー。私は鋭い爪で歩く。私の肩には鎌がある。狐の頭を切り落とす。おい狐、オンドルからすぐに降りて、この場所に来い。」

「私は上着を着ている。」と狐は言いました。

雄鶏は三度目に鳴きました。

「クークークー。私は鋭い爪で歩く。私の肩には鎌がある。狐の頭を切り落とすつもりだ。おい狐、オンドルから早く降りて、この場所に来い。」

狐が慌てて走って出て来たところを、雄鶏は鎌をさっと一振り、一瞬で狐の命を

絶ちました。
それからというもの、雄鶏はウサギちゃんと木の皮で作った家で、仲良く暮らしたということです。

（『新疆青少年』新聞　１９８９年より）

オンドル：朝鮮や中国北部など北アジアの、伝統的な床暖房

蛇と蚊とツバメ（聞いた話によれば）

預言者ノアの時代に、地上で大洪水が起きました。預言者ノアは生き物を守るために、すべての生き物のひとつがいを一艘の船に乗せて洪水の中に乗り出し、陸地を探して航海を続けました。

水の上で数年を過ごしたのち、ネズミが船底に穴を開けてしまったので、船が浸水して沈み始めました。

どうしたものか困った預言者ノアは、船にいる者たちに言いました。

「どなたかがこの穴を塞《ふさ》げるなら、その者が希望する食物を与えよう。」

この言葉を聞いた蛇は、

「私ならこの穴を塞ぐことができる。」と言って、尻尾を丸めて小さく丸くなって穴に入って塞ぎました。そこで一同は船の水をかき出して、安全な陸地に降りることができました。預言者ノアは蛇に、

「さて君に何を与えようか。」と聞きました。蛇は何日かたったら返事をしますと言いました。蛇は、血が一番美味《おい》しい生き物を食べようと考えて、蚊にこのように言いました。

「蚊の友よ、私は君にお願いしたいことがある。手伝ってくれるかい。」

蚊は承知しました。そこで蛇は、

「それならすぐに道に出て、すべての生き物を刺してみなさい。どの生き物の血が美味しいのかが分かったら、すぐに来て私に伝えてほしい。」と言いました。

蚊は言われたとおりに、すべての生き物の血を吸いました。結果として人の血を吸ったところ、とても美味しいと分かったので、舌で人の血の一滴を吸って、蛇に

伝えるために道を急ぎました。この事を知ったツバメは、蚊を道で止めて、「おい、蚊君、どこに行ってきた。」と聞きました。蚊は、「蛇が、世の中で誰の血が美味しいのか分かったら私に教えなさいと言った。それが分かったので伝えにいくところです。」と答えました。ツバメは、「誰の血が美味しかった？」と聞きました。蚊は、「人の血が一番美味しかった。」と答えました。するとツバメは、「あなたの舌を出してみなさい、私も味見してみよう。」と言いました。蚊が舌を出すと、ツバメは蚊の舌をつついて切ってしまいました。蚊はツバメも一緒につれて蛇の所に行きました。蛇が、「誰の血が美味しかったかい。」と聞くと、蚊はブンブンと何か言いながらツバメを指しているようでしたが、蛇には分かりませんでした。そこでツバメは、「蚊はカエルの血が美味しいと言ったよ。」と言いました。

蛇はこのツバメの言葉にカンカンに怒って、ツバメを食べてしまおうと尻尾のちょうど真ん中を噛んだので、尾羽が数本むしられてしまいました。ツバメは飛んで逃げましたが、この時からツバメの尾羽は割れてしまったのです。

聞いた話によれば、それから蛇はカエルを見るなり食べてしまうようになり、ツバメとはかたき同士になりました。人々はツバメが蛇に食べられないように守るために、自分の家にツバメが巣を作れる場所を与えました。巳年の人の家にツバメが入らないのも、こんなことが尾を引いているのです。

（『シャヤル県民話集』より）

狐の虎退治

昔、ある森に動物たちがとてもたくさんいて、母子、兄弟、姉妹のように互いに協力して暮らしていました。

ある時、一頭のうぬぼれ屋の虎が動物たちの王になってしまいました。虎は王に成るとさらに傲慢になり、動物たちの社会にいざこざの種を作り、動物たちの間には亀裂が生じ始めました。虎自身にも残忍さが増して、皆の前で出会った動物を捕まえて食べ、食べられないものは絞め殺しました。そのため動物たちはこの森にいられず、散り散りになって出て行ってしまい、虎のそばには一匹の年老いた狐だけが残りました。

月日の経つうちに動物たちはまた増えてきました。ある日森の動物たちが集まってどうしたら虎の暴虐から救われるのかと相談していると、あの年老いた狐がやってきて彼らの話に加わり、自分の苦痛を話して虎を批判しました。彼らは長いこと議論を続けましたが、最後に動物たちは、〈虎をよく知っている〉という理由で年老いた狐に、虎をどうにかしてほしいと頼みました。

老いた狐は皆の頼みに同意すると、翌日虎の住み処《か》に行って、九度もお辞儀をしてから進み出て虎の機嫌を伺いながら、

「閣下のために何か食べ物を取ってこようと狩りに出ました。夜になってある穴に入って、あなた様とお父上閣下と共に暮らした日々を思い出しているうちに、つい眠ってしまいました。」と言いました。虎は自分の怒りを抑えようともせず、

「君は年老いた父上と一緒だったのか。話せ、私の父上はどんな方だった。」と狐

に聞きました。狐は、

「父上閣下は高尚な方でいらっしゃいました。高貴でした。今は亡きあのお方は背丈、外観、性格、癖もあなたにそっくりでした。望んだ時に旅に出て、望んだ時に山から山へ、果樹園から果樹園に跳んで体を鍛えていらっしゃいました。」と言いました。

うぬぼれ屋の虎は喜んで、牙をむき出して笑い、立ち上がって胸を張ると、

「私の父の人徳をなぜ早く話してくれなかったのか。」と言いました。狐は、

「閣下、父上は世界で並ぶ者のないほどの勇者でした。一跳びでこの果樹園から別の果樹園へ、また一跳びで山の頂上へ。父上はこの能力を王宮の前の谷で跳んで身につけられました。〈子は父の背中を見て育つ〉という言葉がありますが、今日あなた様は父上の足跡をたどるのです。」と言いました。

うぬぼれ屋の虎は床から跳び上がり、年老いた狐の肩を叩いて、自分も父親が跳

んで体力を身につけた谷を跳んでみると言いました。狐は虎を山に連れて行き、深く、広い絶壁を見せました。

「今は亡き父上閣下は、このような崖で毎日朝食の前に、あっちの谷からこっちの谷へと一度ずつ跳んでいらっしゃいました。」と狐は言いました。

うぬぼれた虎は胸を叩いてふんぞり返り、

「私も父上の子だ。」と言いました。

「確かにそのとおりです。ですからあなたが父上様のように跳ぶならば、健康になって長生きされるでしょう。あなたの国は果てしない。あなたが全世界を手に入れられるでしょう。」と狐は言いました。

虎は翌日から、向こうの谷から一回、こちらの谷から一回跳ぶことを約束しました。

翌日の朝、虎は老いた狐を連れて崖のふちに来ました。虎は跳ぶ決心をして走っ

てきたが、止まってしまいました。ずっと見ていた狐は、

「そうです、そうです、父上様は今のあなたと同じように一度走って、一度止まって、また一度走って跳んで行きました。」と虎を励ましました。

虎は全力を振り絞って一度跳んだが、深い崖の真ん中に落ちて、胸も腹もしたたかに打ちつけて、動けなくなってしまいました。

狐はゆっくりと崖を降りてくると、虎の尻尾を食べ始めました。瀕死の重傷を負った虎は、

「おい、見舞いの一言も言わずに何をするんだ。」と言いました。

狐は虎の頭を踏んだまま、

「何をしているかですって？　私は父上たちをこのようにして退治しました。それであなたもこのようにして退治しているのです。」と言いましたとさ。


（『ウイグルの民話集』第9集より）

子ども向けの民話

モズを食べたら天まで飛ぶぞ

昔むかし、カラコルムの山なみのはるか向こうの緑豊かな河原に、モズとカラスとが隣どうしに住んでおりました。モズは気のいい働き者でしたが、カラスは腹黒くて怠け者でした。

ある日、カラスは食べ物を探しに行くのが面倒くさくなり、モズを食べようと思いつきました。

「なあ、モズさんよ、ひとつ力比べをしようじゃないか。そうして勝った方が負けた方を食べるというわけだ。」

気のいいモズは何も考えずに「よかろう。」と返事をしました。

そして両者は戦いを始め、ずっと戦い続けて最後にカラスがモズに勝ちました。

「さあてモズさん、おれはおまえに勝った。約束どおりにおまえを食べるぞ。」

モズはここで初めてカラスの悪だくみに気づいて言いました。

「まあ待て。おまえはフンも食べるような汚い奴だ。まず河へ行って口を洗ってきてから私を食べろ。」

カラスはなるほどと思って河岸へ行きました。

河のお兄さん　お水をおくれ
口を洗って　モズを食べたら
おいらは太って　元気もりもり
高い天まで　ひとっとび

河は、言いました。

「おまえはフンも食べるような汚い奴だ。私に口を突っ込むな。今すぐに行って土から茶碗を作って持って来なさい。それなら私は水をあげよう。」

カラスは飛び続けて、ある土の丘に舞いおりました。

土のお兄さん　土をおくれ
茶碗を作ろう　水をもらったら
口を洗って　モズを食べたら
おいらは太って　元気もりもり
高い天まで　ひとっとび

土はかすかに動いて笑いました。

「なんと愚かなカラスよ。私はここで何百年もじっとしていて、すっかり固まってしまった。シカの角でも持って来なければ私を掘り出すことはできないよ。」

カラスが土の丘から飛んでいくと、ある草原でシカが草を食べていました。カラスはすぐにシカの近くに舞いおりて言いました。

シカのお兄さん　角をおくれ
土を掘って　茶碗を作ろう
水をもらって　口を洗って
モズを食べたら
おいらは太って　元気もりもり
高い天まで　ひとっとび

シカは言いました。
「なんと愚かなカラスよ、私のこの角はとても頑丈で、今のおまえの力では私の角はとれない。私のこの角は猟師の猟犬ならとれる。」

カラスが見ても、シカの角は鋭い剣のようにまっすぐ立っていたので、自分の力ではとれないと分かり、猟師の家に向かって飛んで行きました。

猟師のお兄さん　猟犬をおくれ
シカを捕まえてほしいのさ
角をもらって　土を掘り
茶碗を作ろう
水をもらって　口を洗って
モズを食べたら
おいらは太って　元気もりもり
高い天まで　ひとっとび

猟師は言いました。

「私の猟犬は牛乳を飲まないと走れない。牛乳をもらって来い。」
カラスはまた飛んで牛のかたわらに来ました。

牛のお姉さん　お乳をおくれ
猟犬に飲ませて　シカをつかまえて
角をもらって　土を掘り
茶碗を作って　水をもらおう
口を洗って　モズを食べたら
おいらは太って　元気もりもり
高い天まで　ひとっとび

牛は鼻をなめながら言いました。
「私は青い草を何日も食べていない。草を食べていない私からどうやってお乳が搾れるのでしょう。」

カラスは牛に草を食べさせるために歩き続けて、青々とした葦で覆われたある茂みに舞い降り、葦に歌を詠んで称《たた》えました。

葦は風にかすかにそよぎ続けながら、

「お前には手も、鎌もないのだから私たちをどうやって持って帰るのかい。私たちを持って帰るのには、お前には鎌が必要だ。」と言いました。

カラスはまた飛び続けて鍛冶屋の家に行きました。

鍛冶屋のお兄さん　鎌をおくれ
葦を刈って　牛に食べさせて
お乳をくれたら　猟犬に飲ませて
シカをつかまえたい

角をもらって　土を掘り取り
茶碗を作って　水をもらったら
口を洗って　モズを食べたら
元気もりもり
高い天まで　ひとっとび

鍛冶屋は、

「鎌はあげよう。でもどうやって持っていくんだ。」と聞きました。

カラスは頭がおかしくなるほど考え続けましたが、どうやって持って帰ればいいのか分かりませんでした。鍛冶屋はこのときカラスの目的がモズを食べることなのだと分かりましたので、腹黒いカラスを自分の手でほろぼして、あの世に送ってしまおうと思いました。

「鎌をあんたの首にかけたらどうかな。」
方法が見つかったカラスは嬉しさのあまり、手をたたいて飛び跳ねました。鍛冶屋は月のように曲がった形の鋭い鎌を、カラスの首にかけました。カラスは飛びまわりながら、これでモズの肉をたらふく食べられるぞと喜んで、歌をうたいたくなって首を伸ばしてカアカアと鳴きました。刀のように鋭い鎌が首にささりました。カラスは自分の腹黒さのために、とうとうモズを食べることができずにこの世を去りました。モズはこの世で穏やかに暮らしたということです。

(『ミラス(遺産)』ウイグル語雑誌より)

鍛冶屋：金属を溶かして、叩いて加工し、刃物や刀、農具などを作る職人。溶けた金属を叩くリズムから、数々のクラシックの名曲も生まれています。なお、ウイグルでは、実用品ばかりでなく、精巧な装身具や美術品も金属から作られています。

カウルの薬草

昔むかし、ある辺鄙《へんぴ》な村に、カウルという名の男の子が住んでいました。カウルの家にはお父さんと兄さんのほか、茶色の子馬とわんぱくな子犬がおりました。

ある日カウルのお父さんの目が見えなくなってしまいました。カウルは心配でたまらず、昼も夜も泣きながらどうしたらお父さんの目がよくなるのかを考えていました。ある晩カウルの夢に真っ白な髭の医術の神様、ロクマン・ヘキム先生が現れたので、カウルはどうかお父さんの目を治してくださいと頼みました。

ロクマン・ヘキム先生はカウルを慰めて、

「坊や、君のお父さんの目は必ず見えるようになる。しかしこれは君のがんばり次第だ。君は苦しいことや恐ろしいことにたくさん出会うだろうが、恐れずにチメンタグという山に行きなさい。悪魔の住み処《か》には小さい葉で、黄色い根の薬草がある。これを持って帰って煎じてお父さんに飲ませ、目にも塗るのだ。そうしたらすぐに目が見えるようになる。私は君が無事に行って来られるように祈っているよ。」と言いました。

ちょうどその時、子犬が激しく吠えて、カウルは夢からさめました。お父さんの目が治るという薬草のことは、片時もカウルの頭から離れませんでした。カウルは村の長老たちにチメンタグはどこにあるのか、どうしたら行けるのかを聞きました。

長年旅をしてきたあるおじいさんは、

「チメンタグはものすごく遠い。馬でおそらく十日はかかる。途中五日の間、一滴の水も一本の草も見られない。チメンタグというのはお化けや悪霊の住み処《か》で、そんなところへ行く人は無事ではすまない。坊や、君はなんでこんなことを聞くのだね。」と言いました。

カウルは泣きながらお父さんの目のことと、見た夢の話をしました。おじいさんは首を横に振って、

「坊や、君はまだ年端もいかない。この旅はとても危ないから行くのはおやめ。お父さんの目はそのうち良くなるのではないかな。」と諭しました。

カウルはお父さんのためなら何があってもかまわないと覚悟して、チメンタグへ行くことをあきらめず、旅の支度を始めました。

お母さんは、

「カウルや、お前はまだ12歳になったばかり。こんな危ない旅に送り出すなんて私にはとても耐えられない。どうか行かないでおくれ。」と言いました。

でもカウルは、

「いいえお母さん、私はお父さんのためならどんなつらいことも乗り越えて見せます。薬は必ず持って帰って来ます。」と決心を変えませんでした。

とうとうカウルは一か月ほどの旅の支度を整え、子馬に乗り、子犬を連れて出発しました。旅を楽しみながら、七日でチメンタグの麓に着き、一日休みました。

カウルは子犬の頭をなでながら、

「子犬君、君は足が速いが、せっかちだ。あと二日で私たちはチメンタグへたどりつける。薬草を持って帰るのを手伝っておくれ。」と言いました。

子犬はもちろんですともと言うように尻尾を振りました。カウルはこんどは子馬の頭をなでて、

「子馬君、ご苦労だったね。あともう少しがんばっておくれ。」と言いました。

子馬もカウルに頭を擦りつけました。

三人はさらに二日進んでチメンタグに着きました。何と美しい山だったでしょう。

山全体が青い短い草と花に覆われていたのです。子馬はいななき、子犬は地面にぐるぐると転がって喜びました。

しばらく疲れをとると、カウルは子犬に、

「子犬君、君は薬草がどの辺にあるのか、探してきてくれないか。でも気をつけるんだよ。決して吠えてはいけない。それから狩りの時のようにけものを追いかけてはいけないよ。私たちは悪魔の住み処《か》にいるのだからね。」と言い聞かせました。

子犬は草むらの中へ潜って薬草を探し回りました。そして食事の支度ができるほどの間に戻って来て、薬草を悪魔がとても厳重に守っているということをカウルに伝えました。

カウルは不安になって、あれこれ考えた末、悪魔が稲妻を怖がるということを思い出したので、空に黒雲が現れるのを待つことにしました。

一日経つと山に雲がかかり、雷が落ち、稲妻が光り始めました。カウルは喜んで子馬と子犬を連れて出かけました。

悪魔は雷を怖がって山の洞窟に隠れていました。カウルはとうとう薬草を探し当てて抜こうとしましたが、なかなか抜けません。子犬も懸命に脚で根元を掘りました。カウルは子馬、子犬と力を合わせてようやく薬草を抜き取ると、子馬に飛び乗って、

「子馬君、全力で駆けろ。」と言いました。

子馬は駆けて、二日かかる道のりを一日で進みました。一休みしながらカウルは子犬に、

「子犬君、君は足が速いから、もし悪魔が追いかけてきたら、君が薬を持って走れ。子馬と私が悪魔を食い止めよう。」と言いました。しかし子犬は、

「いいえ、一緒に行きましょう。もし悪魔が来たら私は悪魔の足の腱を噛んで歩けなくしてやります。」と答えました。

三人はさらに道を進みましたが、故郷の村まであと二日となったところで、飲み水も食べ物もなくなってしまいました。カウルはこのままでは故郷へ帰れないと思い、子犬に、

「子犬君、君はそのまま先へ行きなさい。そして私たちのことを家に知らせておくれ。」と言うと、子犬は走って行きました。

カウルもあとから子馬に乗って進みました。

さて故郷の村では――。

カウルのお母さんは二十日も前から、村境の丘に登って、カウルの帰りを今か今かと待っていました。カウルの友人たちも一緒に待っているところへ、子犬がハアハアと舌を垂らしてあえぎながらやって来て、お母さんの裾をひっぱりました。

カウルの友人たちは大急ぎで食べ物を持って、カウルの来る方に向かって馬を走らせました。彼らは半日道を進んだところで、砂の上を這うように歩いてくるカウ

ルを見つけ、急いで駆けよってカウルの荒れた唇を水でうるおし、食べ物を与えました。

カウルが友人たちに助けられて故郷の村に戻ってくると、近所の人たちがカウルの家に集まって、カウルの勇敢なことを称えました。薬草を煎じてお父さんに飲ませ、目にも塗ると、お父さんの目は開きました。お父さんは喜んでカウルを抱きしめたということです。

（『新疆青少年』新聞１９９０年より）

鈴の靴をはいた山羊

あるものはあり、ないものはない古い古い昔、一匹のめす山羊がおりました。とても賢く、強いので、みんなはこのめす山羊を「鈴の靴をはいた山羊」と呼んでいました。この山羊はシェンギュル、メンギュル、エンギュルという名前の三匹の女の子どもたちと一緒にある草原の近くに住んでいました。

ある日鈴の靴をはいた山羊は、〈鋭い牙をもつ一頭の狼がこのあたりに家を買って引っ越してきた〉という悪い知らせを聞いて、とても心配になり、子どもたちに注意しました。

「気をつけなさい。狼に捕まらないようにね。もし何かが門をたたいたら、注意して聞くのよ。穴からようく見なさい。私ではないのに門を開けたら、狼が来て食べられてしまうよ。」

「分かったわ。そうしましょう。」と子山羊たちは答えました。

母さん山羊が出かけた後、少したって狼が来て門をたたく音がしました。

「だあれ。」と子山羊たちが言いました。

「あなたたちのお母さんだよ。」と狼が言うと、

「嘘だ。」と子山羊たちは言いました。

「私たちのお母さんの声は細くて優しいの。あんたの声は大きくて耳障りだわ。」

狼は立ち去って、少したつと戻ってきて、また門を叩きました。

「だあれ。」と子山羊たちは聞きました。

「私はお母さんだよ。お乳がいっぱいにはったよ、飲みなさい。美味しい草も持ってきたよ、食べなさい。」と狼は細い声で呼びかけました。

「嘘だ。」と子山羊たちは口々に言いました。

「お母さんの脚は真っ白よ。あんたの脚は真っ黒じゃないの。」

狼は真っ直ぐに粉ひき小屋に行って自分で脚に粉をまぶして白くすると、また戻って来て門を叩き、同じ話を繰り返しました。

子山羊たちはまた信じないで、

「嘘つきだ、お母さんの手は赤いの。あんたの手は赤くないじゃないの。」と言いました。

狼はまた戻って指に紅を塗ってやって来て、同じ話を繰り返しました。

子山羊たちは、今度は信じて門を開けてしまいました。狼はひとっとびで家に入って来て、シェンギュルちゃんとメンギュルちゃんを生きたまま飲み込んでしまいました。エンギュルちゃんは家の中をすばしっこく逃げて、納屋に隠れました。

陽が沈んで鈴の靴をはいた山羊は草原から戻り、家の門が開けっ放しになっているのを見て驚いて子山羊たちを呼びましたが、返事はありません。大声で呼ぶと、納屋に隠れていたエンギュルちゃんが出てきて、起こったことをすべてお母さんに話して聞かせました。

怒った母さん山羊は狼の家に行って、屋根に登って飛び跳ねました。狼は家で竈《かまど》に火をつけて、子どもたちに食事を作ってやっていました。狼は怒って、

「騒いでいるのは誰だ。誰が屋根で騒いでいるんだ。子どもたちの食べ物に土ぼこりが入ったじゃないか。」と大声で叫びました。

山羊は屋根から降りずに言いました。

「私は山羊だ。白い脚、脚には鈴、地上では四本の脚だ。角もキラキラしている。誰がメンギュルちゃんを食べた。誰がシェンギュルちゃんを食べた。誰かが私と戦うなら、倒してやる。」

狼は返事をしました。

「私は鋭い牙の狼だ。山羊など失せろ。私はシェンギュルちゃんを食べた。私はメンギュルちゃんを食べた。お前と戦う、地上で戦う。倒してやる。」

「それではいつ戦うのか。」と山羊は言いました。

「金曜日に。」と狼は答えました。

山羊は家に戻ってきて、エンギュルちゃんを安全な所に隠すと、草原に出て、お腹いっぱい草を食べました。二日目に牛乳屋の所へ行って、

「お乳を搾ってチーズとバターを作ってくださいな。」と頼みました。

山羊は牛乳屋からチーズとバターを受けとって、砥師のところへ行き、

「私の角を鋭く砥いでください。」と言いました。砥師は山羊の意図が分かったので、鋭い鋼の槍を二本作って山羊の角につけてやりました。

狼は床屋に行って、

「私の牙をもっと鋭くしてくれ。」と言いました。

「仕事代は。」と床屋は言いました。狼は、「何で私から代金をとるんだ。」と脅したので、床屋は、「〈酵母の入らないパンは発酵しない〉という話を君は聞いたことはないのか。」と言いました。

狼は家に戻って一つの袋を手に取り、中に空気をいっぱいにして持って行きました。床屋が見ると、袋の中は空気のほかは何も入っていませんでした。床屋は〈気づかれないように仕返しをしてやろう。後は人たちの間で伝説として伝わっていけばいい〉と考えて、狼の牙を全部やっとこで抜いて、そこに綿を詰めておきました。

さて金曜日になり、狼と山羊は闘いの場にやってきました。〈闘いの前に水を飲みたい〉と両者は思いましたが、山羊は顔を入れただけで飲みませんでした。狼の方は水をたくさん飲み、お腹を膨らませて広場の真ん中に威張って立っていました。山羊も広場に出て、自信ありげに鋼の角を高く伸ばしてすっくと立ちました。

「私に勝てると思っているのか。」と狼は山羊に言い、にらみつけてすぐにやっつけてしまおうと、走って来た山羊の喉に牙を突き立てましたが、綿の牙は使い物になりませんでした。山羊はすかさず狼の後ろにまわり、鋼の角で突き、狼のお腹を切り開きました。

シェンギュルちゃんとメンギュルちゃんはまだ生きていて、すぐに狼のお腹から飛び出して来ました。鈴のくつをはいた山羊は大喜びでシェンギュルちゃんとメンギュルちゃんを連れて家に帰りました。そして三匹の子山羊たちを隣に座らせて、「子どもたち、これで賢くなって友達と敵とをよく区別して、狼のような信用できない者には決して門を開けるんじゃありませんよ。」と言い聞かせたということです。

（『ウイグル人の物語』第12集より）

註　床屋は昔、散髪だけではなく、今の外科医のような仕事もしていました。今も店の入り口にある広告灯の赤・青は動脈と静脈を表しています。

クトゥルク君とツバメ

昔むかし、あるものはあり、ないものはない、飢えている者と満腹の者、両方がいた時代、あるところに一人の少年がいました。名前はクトゥルク君といい、困った人を放っておけない子どもでした。

ある日の昼間、クトゥルク君が牧場から走って家に戻ると、家の入り口の部屋の中ほどに一羽のツバメの子どもが落ちて、バタバタしていました。そっと手にとって見ると、かわいそうに片方の脚を折って、シクシクと泣いていました。

クトゥルク君はこのツバメの子どもをかわいそうに思い、翼をなでて、頭にキスをして、目を拭いながら、「どうしたの、君の脚は。」と具合を聞きました。

それを見ながら、壁や天井を飛びまわっていたお母さんツバメたちはクトゥルク君を見て、口々に、

「大変だ。大変だ。ウィチルーウッチ。どうなったのか全然分からない。クトゥルクさん、私たちに教えてください、どうなったの。どうすればいいの。」と聞きました。

ピイピイピイと子ツバメは鳴き、

「クトゥルクさん、お母さんたちのいない時にふざけて巣の中で押しくらまんじゅうをしたので、落っこちてけがをして。」と何が起きたのかを話してくれました。

お母さんツバメたちはこれを聞いて、我が子を見て、

「だから言ったでしょ。仲良く静かにしていなさいって。もうどうすればいいの。私の言うことをちっとも聞かないから。」といらいらして悔しがりました。

ピイピイピイとツバメは鳴き、それからクトゥルク君に向かって、

「ではどうしたらいいのでしょう。私たちの子どもは死んでしまうの。助ける方法

があるなら、どこへ探しにいけばいいの。」と聞きました。

クトゥルク君は少し考えて、「一本の糸、小さな木切れ。」と言ってお母さんのところへ走って行き、お母さんから一本の糸と一つかみの木綿わたをもらい、薪から小さな木切れを二つ取って、骨を固定させるために、子ツバメの脚を綿で包むと糸で木切れにしっかりと固定し、そうっと巣に戻してやりました。

お母さんツバメたちは、「ピイピイ、ピイピイ、やっと気持ちが落ち着きました。良いことには良い報いがあるでしょう。私たちはこのことを決して忘れません。」と大変喜んでクトゥルク君にお礼を言いました。そして安心して、子どもたちに餌を運ぶためにまた飛んで行きました。

日にちがたって、クトゥルク君の手当てはうまくいき、子ツバメの折れた脚は良くなりました。子ツバメのお父さんとお母さんは一緒に秋の終わりまで過ごし、冬になる前にツバメたちは暖かい国へ去って行きました。

次の年の春、ある時クトゥルク君がくつろいでいると、一羽のツバメが家に入りました。見ると、口に餌をくわえて天井にある去年の古い巣にとまりました。クトゥルク君が見覚えのあるようなそのツバメにほほえみかけると、ツバメは口に入っている餌をクトゥルク君の目の前にポトンと落としました。クトゥルク君が手に取ってみるとそれは一粒の西瓜の種でした。クトゥルク君は嬉しくなって何とはなしにワクワクしながら畑に向かって走って行き、場所を選んで種を大切に植えました。種はすぐに芽を出し、クトゥルク君は大切に育てました。

月日がたつと西瓜のつるは四方八方に伸びて、大きな畑にいっぱいになりました。畑じゅうに西瓜がいっぱい。すべてのつるに一つずつ西瓜がなっています。中でも一つ、目を見張るばかりの大きな西瓜がありました。クトゥルク君が試しにこれを軽く叩いてみると熟していました。一人ではとても持てないと思ってクトゥルク君は家に向かって走って行きました。

「おとうさーん、おかあさーん、植えた西瓜ができたよ。一つはとっても大きい。叩いてみると熟してる。もっこで運ぼう、すぐに運ぼう。」とお父さんに頼み、一緒にあの西瓜をもっこにのせて、途中で何人かの人に助けてもらい、お母さんも手伝ってやっと家に持って帰りました。

みんなで一緒に西瓜を割ってみると、中から種が金や銀に変わってチャリンチャリンと地面にちらばりました。西瓜は近所の人たちとみんなで一緒に食べました。

食べ終わった人たちは口々に、

「さてこのことは元もと、良い行いから起きたことだ。あっぱれクトゥルク君、おめでとうございます。めでたいことだ。」と言いました。

クトゥルク君は嬉しさのあまり、口が軽くなってしまい、このことは翌日金持ちのパキ君という子どもの知るところとなりました。金銀を取るために、どうしたのか話を聞きたがりましたが、しばらくは何もできませんでした。けれども欲張りな

パキ君はクトゥルク君を妬み、気になって落ち着かず、焦るばかりで、出会うといつも、

「君だけが賢いのか。君ができるなら僕にだってできる。」と言うのでした。しまいにはあることを企んだのです。

春になってツバメの子が生まれると、パキ君は一羽を盗んで子ツバメの脚をわざと折り、棒で固定して、いかにもけがの手当てをしてやったかのように巣に戻しました。少したってツバメは巣に戻るなり、何が起きたのかを知りました。

「ピイピイピイ、私たちの子どもに何が起きた。パキの息子はお前たちに何をした。落ち着きなさい。」と言って、何があったのかを聞きました。聞かれるまでもなく、子どもたちは口々に訴えて、起きたことを話しました。お母さんツバメは「ピイピイピイ、このことは決して忘れてはいけませんよ。」と子ツバメたちをいましめ、脚を折られた子ツバメを慰めて、また畑へ餌を取りに飛んで行きました。

何日か過ぎ、何週間かが過ぎ、月日がたちました。子ツバメは良くなってやっとの思いで隊列に加わり、秋まで羽を休めてから、秋の終わりに脚を引きずりながら、暖かい国へ渡って行きました。

冬になりました。パキ君は金のことばかりを考えながらすごしました。春になると毎日ツバメの巣を、野良猫のように覗いて見ていました。いよいよ時が来てツバメたちが戻って来て、パキ君の前に何かを落としました。パキ君がすぐに手に取ってしげしげとながめると、一個の西瓜の種でした。パキ君は大喜びで小躍りしながら畑に行き、地面を少し掘って種を埋めておきました。

種から芽が出て、西瓜が育って熟してくるまで、パキ君はめんどうな畑仕事にぶつぶつ不平を言いました。

こうしてある日、パキ君はつるから一個の大きな西瓜がなっているのを見つけました。まもなく熟してくると、パキ君は西瓜をもぎ、自分一人で割りました。

するとどうしたことでしょう。西瓜の中の種は蜂になってブンブンといっせいに追いかけてきてパキ君を刺しました。パキ君は「おお、痛い、痛い」と棒で叩かれた子牛のように泣き喚きながら、マハッラー（家のある方）に向かって逃げました。

村では四方八方から人々が集まって、「これはなんだ。ちょっと待てよ、蜂だ蜂だ。静かにしろ。」と騒ぎました。みんなはパキ君に向かって「そうら見ろ。」と言いました。ツバメたちも群がって、

「ピイピイピイ、それは君にふさわしい。悪には悪が。良いことには良いことが来る。」とみんなで叫びました。

小さな子どもたちまでが、

「欲張りな大金持ちのパキ君、こうしてひどい目にあった。賢いなら叫ばずに泥に入りなさい。」と、嘲笑いました。

この時になってパキ君は〈蜂が刺したところに泥を塗ると良くなる〉ということ

を思い出して、頭から泥に飛びこみました。

（『ウイグルの民話集』第1集より）

マハッラー：田畑や牧場に対して人家の集まったところの意ですが、ここでは家のある方とします。

もっこ：藁のむしろを編んで網のようにした物の四隅に紐をつけて、天秤棒を通して二人で担ぎ、土や農産物を運ぶ運搬具。

誰が羊を食べたのか

昔、ある山村に一人の猟師がいました。ある日、家で飼っていた羊が突然いなくなり、捜してもどこからも見つけられませんでした。そこで彼は怒って、森で狼、狐などのけものを集めると、

「私の羊がいなくなってしまった。誰が食べたのか自分で言え。そうでなければお前たちを皆殺しにする。」と通告しました。

これを聞いた狼、狐などは猟師の怒りを恐れて立っていられなくなり、ヒソヒソ話をしました。次の日に狐は森にいるすべての動物たちの家に、「さあ、狼先生の所に来なさい！　重要なお話があります。」と知らせました。

言ったように、次の日には森の住人全体に狐、山猫が広めてネズミにまで広がり、さらには臆病なウサギまで、皆が集まりました。

「皆さん。」と狐はご機嫌をとり作り笑いで真ん中に出て、くねくねともみ手をしながら言いました。

「狼閣下の重要なお伝えがある。注意して聞きなさい！」と狐は狼に深くお辞儀をして、どうぞお話しくださいとうながしました。

両目を赤く血走らせて、口と鼻に血がついて、険しい顔の狼は傲慢《ごうまん》に喉を鳴らして、もったいぶってゆっくり立ち上がると、集会の最初に気取った態度で、次のように言いました。

「皆さん。猟師様が羊の一頭を失ってしまった。猟師様は私たち森の住人のせいにしている。誰かが食べたなら、または食べた者を見たなら、食べた者が誰であっても、自分が名乗り出るかあるいは通報しなければならない。もしこの羊を捜せなかったら、私たちを皆殺しにするつもりだ。一頭の羊のために殺されたくない。だから、さあ言いましょう。」

狼は言い終わると、即座に目を怒らせて皆を一人一人睨《にら》みつけ、舐《な》めるのを忘れていた顎の血のあとを急いで拭いました。そしてすぐに、

「私もこの羊を食べていないし、見てもいない。もし食べたなら本当のことを言った。さあ急いで言え、いつまでゆっくり座っているんだ。」と皆を急《せ》かしました。

狼の残忍な姿と意味ありげな話しぶりに身震いして、事の次第を悟った動物たちは、誰が羊を食べてしまったのかを知っていても、自分に災難がふりかかってくることを恐れて、黙って座っていました。

「私もだ。」と狐はずるそうに笑い、なよなよと身をくねらせて、

「私は羊を食べていない。もし食べた者をどこかで見たなら、遠慮せずに言いなさい。」

「私も食べていない。」と山猫は自分を弁護しました。

「私も食べていない。」と灰褐色の狼も言いました。

こうしてすべての肉食動物が自分は潔白であると主張しました。それから草食動物たちも、狼の魂胆を知って、人望があるなどあらゆる種類の理由をつけて、食べた者を見なかったことにして逃れました。

結局は臆病な耳長ウサギだけが残りました。彼はかわいそうに今日の集会の目的もろくに理解していませんでした。なぜなら彼は〈狼は私を食べてしまうのか〉と命の心配でいっぱいだったのです。

「おい、耳長！　みんな自分のことを言った。君はなぜ隅っこに身を縮めてじっと見ているんだ。」と狐が聞いて迫りました。

この時、賢い雄山羊がかわいそうに思い、髭《ひげ》をぶるぶると振ってウサギの傍に行き、角でそっと脇をつつきながら、耳元で囁《ささや》きました。

「ばかだなあ、みんな何かしら理由を言って自分は潔白だと主張している。こんなふうに怖がって静かに座っていたら、結局この事は君の仕業だとなすりつけられてしまう。皆は君が肉を食べないことを知っている。それを理由にして無罪だと主張しなさい。羊は肉食動物が食べたに決まっているじゃないか。」

かわいそうなウサギが震えながら口を開きかけたとたん、狼が「おい、耳長。黙っているところをみるとあやしいぞ。羊はあんたが食べたんじゃないのか？　言え！」と言いました。狼の恐ろしい声は森の奥まで鳴り響きました。ウサギは気が遠くなる思いで、さらに錯乱しました。

多くの動物たちは狼の話に同調し、自分たちが災難から遠のいたと思って、〈絶対にウサギが羊を食べた、そうでなければ堂々と言えたはずだ〉と言い合いました。

「さあ言え！」と狼はさらに狂ったように言いつのりました。

「早くしろ、愚か者！」と狐も言って急かしました。

「もう認めるしかないだろう、ウサギ君、言ってしまいなさい。君のために皆に災難が降りかからないように。」と他の者たちがうながしました。

この不公正に立っていられないほど心を痛めた雄山羊は、これだけの人たちがウサギは肉を食べない、草食であることを知っていながら、本当のことを無視し、ウサギを犠牲にして差し出したことに激怒し、この愚かで野蛮なことに憤りました。

自分が真ん中に出て、真実を話して少し反論をしたいとは思いましたが、家では妻がお産をして二匹の赤ん坊が泣きながら待っているのでした。真ん中に出て目立ってしまうと、家族に災難が降りかかるのではないかと不安になり、特に何も言うことができず、心配しながらもなすすべもなく立っていました。

この期に及んでウサギは生きる希望で自分を取り戻しました。頑張って自分の無罪を主張する決心をしたのです。しかし、ちょうど狼のギラギラした威嚇《いかく》の目を見ると怖くなり、またもや混乱して、言おうとしたことと反対の言葉を口にしてしまいました。

「羊を、ヒ・・ヒ・・私、イ・・イ・・食べた・・・」

このようにしてかわいそうなウサギは臆病のために、残忍な狼の誹謗の不幸な犠牲となったのでした。

（『ウイグルの民話集』第5集より

註　古今東西、どこにでもありそうな人間の身勝手、ずるさ、そして弱さ。まことに不条理な話ですが、そうした人間の心の動きが巧みにとらえられています。いじめの問題に直面しうる子どもたちにぜひ読んでほしいと考え、掲載しました。

鍋が漏れる

昔むかし、街からそう遠くない所に、子どものいないお爺さんとお婆さんが住んでいました。二人はとても貧しく、家には二つのお椀と一つの銅の鍋があるだけでした。ある日、この銅の鍋に穴があいてしまいました。二人は料理を作るたびに、穴を小麦粉で塞いで、小麦粉が溶けて食べ物が漏れる前に急いで食べ終わるようにしていました。

そんな毎日のうち、ある時一頭の虎が二人の家に残り汁があることを知りました。毎日二人が食事を終えたころに虎が現れて、残り汁を飲みました。もし中の食べ物を急いで食べずに残していると、二人の老人を苛《いじ》めて中身の食べ物をも奪って食べました。

ある日、お婆さんが料理をしながらお爺さんに、

「ねえお爺さん、あなたちょっと見てください。虎が来ているのかしら。どうしましょう。私は虎が怖い。」と言いました。

お爺さんはお婆さんに、

「虎の何が怖いものか。私は鍋が漏れることが怖い。」と言いました。

虎は早めに来ていて、窓の下に隠れて横になっていましたが、お爺さんの言葉を聞いて、頭の中で自分よりも恐ろしい何者かがいる、と思って怖くなってきました。

お爺さんは「それでは見ていなさい。」と言って、窓のふちに登って飛び降りると、壁の下で横になっていた虎の上に落ちました。虎は心の中で〈鍋が漏れる〉というのはこれかもしれないと思って逃げ出しました。お爺さんは怖くて虎にしがみついていました。

虎はそのまま逃げ続けて、瞬く間に百里ほども遠くに走り去りました。お爺さんは一時すきを見て地面に身を投げて飛び降りました。お爺さんと虎は、それぞれ自分は助かったと胸をなでおろしました。

虎は逃げてあるところまで来て息をついていると、一頭の象に出会いました。象はだらだらと汗びっしょりの虎を見て、

「おい、虎の勇者、どこに行く。何をそんなに怖がっているのか。」と聞きました。

虎は起こったことを説明して、「〈鍋が漏れる〉という名前の強いやつがいるんだ。私に乗っかってきて、やっとの思いで振り落として逃げてきた。」と言いました。

すると象は、

「〈鍋が漏れる〉というのはとても恐ろしいものだ。私もそれを見た。子どもの時に捕まって、私の鼻を摑んでこんなに引き伸ばした。伸びてこんなになって今も元に戻らない。もし君も捕まえられたらどんなことになるか分かったものではない。」

と言いました。
虎はこれを聞いてさらに恐怖にとらわれ、二度とあの家には行かないと誓いました。それ以来お爺さんとお婆さんは安心して暮らしたということです。

（『クムルの民話集』より）

太陽と月と雄鶏

何百年もの大昔、太陽、月、雄鶏の三人の兄弟が天空で暮らしていました。

ある日、太陽は外へ働きに出かけ、月と雄鶏は家に残っていました。夕方になると、月は雄鶏に草原から家畜を連れてくるようにと言いつけました。働き者の雄鶏は朝から晩まで休まずに働いていたので、疲れて草原には行きませんでした。怠け者の月は怒って、雄鶏のとさかをつかんで、雄鶏の頭が血だらけになるほど叩いたうえ、天空から地上へ落としてしまいました。

夕方に太陽が家へ帰ってくると、雄鶏はいませんでした。そこで月に、雄鶏はどこへ行ったのかと尋ねると、月は何が起こったのかを話して聞かせました。太陽は

この話を聞いて、とてもいやな気持ちになったので、月に向かい、
「おい月、君はほかの人と仲良くできないので、私も君と一緒に暮らしたくない。今日から夜の時間は君のものに、昼間は私のものにするといいだろう。君は雄鶏を追い出したから、雄鶏は君のことをよく思ってはいないはずだ。しかし雄鶏はいつも時間を覚えてくれている。毎朝喜んで起きるので、君が出たころにはとても眠くなる。」と言いました。

その時から太陽が出ると月は隠れ、日の出で明るくなり始めたころに、雄鶏は自分の兄さんの姿を見ることができるのをとても喜んで、
「キイキイキイ、キイキイキイ。」と鳴くようになりました。

雄鶏はこんなふうに鳴いて、〈大きい兄さん、私はここ、私はここ〉と言っているわけなのです。そして雄鶏は太陽が山のかげに隠れて月が出始めると、鶏小屋に入って眠るようになったのです。

（『新疆青少年』新聞1989年より）

勇敢な山羊

大昔、貧しいお爺さんとお婆さんがやっとのことで毎日を暮らしていました。家には一頭の雌山羊がいるだけでした。山羊に毎日ひと束の干し草を与え、脇腹を叩いて日に一度だけ大きな椀に乳をしぼりました。かわいそうな山羊は週に一度だけ休みを与えられ、その日だけは自由に草原を歩き回ることができましたが、あとの日は体に桶をつなげたまま、杭につながれて草を食べては横になるだけでした。

ある春の休みの日、山羊が広い森で草の穂を食べていると、一頭の雌羊がそばに来て挨拶しました。山羊がよく見ると、雌羊はかわいそうにひどくみすぼらしく、骨と皮ばかりの皮膚はたれ下がり、あばら骨がくっきりと見えていました。山羊は

雌羊の挨拶に答え、

「かわいそうな羊さん、あなたは遠い道を歩いてきたのね。苦しみや困難にいやというほど遭ってきたのでしょう。少ししかなくなったあなたの毛でさえも、今は重荷になってしまっている。」と言いました。雌羊は山羊の言葉を聞いて、

「ああ山羊さん、あなたこそ自分を見てごらんなさい。誰でもがあなたを笑うでしょう。あなたは自分のことさえ知っていればいい。他人のことなど気にしなくたっていいのよ。あなたの様子は私よりひどいじゃないの。」と言いました。

それから二人は知り合いになり、互いに自分の内心を打ち明けて話し込みました。

「私には主人があるの。私には自分の体以外に何もない。食べられるものもない。主人夫婦は私のために、仕方なくひとつかみの干し草を探しに行って、茶碗一つ分の乳をしぼる。子どもたちには乳を残してやれなかったのに、主人たちはそれで命をつないだわけよ。私は金曜日だけは自由な休みを取って、やっと気持ちを落ち着

けてきたの。」

と山羊が言うと、雌羊も自分のこれまでのことを話しましたが、雌羊も金曜日に一日だけ休みをもらい、同じような経験をしていました。

二人はどうしたら主人による苦しみから救われるかと考えて、とうとうほかの場所に逃げることにしました。「それならどこへ逃げる。」と雌羊が言うと、山羊は四方を見渡し、やがて遠くの山に目をやって、

「私の母さんは私に『可愛い子、あそこに見える山には草がとてもたくさんあって、水もきれいだし、気候もここよりいいのよ。何とかしてあそこにたどり着けたら、一生楽に暮らせるでしょう。きっと今までここで山を眺めていた頃の苦労も忘れるでしょう。』と言ったの。でも私の優しい母さんはあそこには行っていない。私たちを連れてたどり着くことはできずに亡くなった。それでも死ぬ前に私に『もし何とかしてお前がその場所に行かれたなら、広い草原を自由に好きなだけ駆け回りな

がら、私のことも思い出しておくれ。』と言い遺したのよ。そこに行かれたらどんなにいいだろう。」と言いました。

この話に雌羊はとびつき、二人はこの話は賭けみたいなものだと言いながらも、遠くに見える山を目指して歩き出しました。

しばらく行くと、遠くに何かがいるのが見えました。初めは「何だろう。」と怖くなりましたが、近づいてみるとそれは一頭の牛でした。牛はやっとの事で足を動かして、よろめきながら歩いていました。山羊と雌羊が近づいて見ると、体格が良く、角は腕の長さより長く、背中には傷があり、目がおちくぼんで鼻は煙突のようであり、おまけに去勢されていました。山羊が牛に挨拶すると、牛は頭を振って、やっと挨拶を返しました。

「ねえ牛さん、どこへ行くんですか。」と山羊が聞くと、牛は一度喘《あえ》ぎ、病人のようによろめいて、「友よ、私は一週間働いた。今日は疲れてしまって、手足を伸ばしてゆっくりしたいと思って歩いているのだよ。」と言いました。

山羊と雌羊が自分たちの身の上を話し、遠くに見える山に行くのだと言うと、牛は一度ため息をついて、

「この世の困難や苦しみにはうんざりした。朝早くから夜までずっと働いている。力いっぱい耕したのに、夕暮れに疲れ切っても休ませてくれず、『死人に鞭打つ』と世の中で言うように、家へ空荷で帰すのは無駄だと言わんばかりに、さらにいくつかの荷物を背中に乗せられる。喘ぎながら家に戻っても、少しでも良い食い物があるどころか、ひとつかみの藁の他には何もなかった。今では体力も尽き、堪忍袋の緒も切れた。この困難、苦しみからどうやって抜け出せるかと長い間考えていたのだ。良かった、君たちがこの相談を持ちかけてくれてありがたい。私も君たちの道連れになって一緒に行く。」と言いました。

こうして彼ら三人は一緒に山へ向かって歩いて行きました。長い道のりを歩き、

ついには遠くに見えていた山にたどり着きました。

この山は山羊がお母さんから聞いていたように、とても良いゆったりしたところでした。空気は爽やかで、豊富な草に涼しい風が吹き、水も豊かな見渡す限りの草原でした。彼らは着くなり、誰にも踏まれていない草を食べ、澄んだ水を飲んで腹いっぱいになり、冗談を言い合って遊んで笑い、一本のアオギリのそばにあるほら穴を住み処《か》に決めました。

朝早く、山羊は眠くなって夢を見ました。夢に主人が現れて、「どこに行っていたんだ。何日分かの乳をしぼりとってやる。」と言って、山羊を縛って乳をしぼりましたが、ひと椀の分以上には乳は出ませんでした。主人は怒って、「残っていたはずの乳をなぜしぼった。」と言って、手に大きな枝をとって思い切り叩き始めたので、山羊は大声で「べーべーべー」と叫び続けました。

山羊の声で夢から覚めた羊と牛は「どうした、どうした?」と心配しましたが、山羊は起き上がって目を開け、心を落ち着かせてから、「アッラーに感謝します。夢だったのよ。」と夢で見たことを一つ一つ話して聞かせました。

毎日のように朝早く起きたり、体をつながれたり、いじめられて自由に過ごせないことがなくなったので、彼らはすぐに太り始めました。特に牛はたいそう太り、それを見たどんな野生の動物たちも逃げていくほどでした。

ある日、牛は山羊と羊に、「私はほら穴の中は暑くて我慢できない。今日は外のアオギリの下で寝たい。」と言いました。

しかしこの夜は寒くなって、牛の手足は凍えてしまいました。朝になって仲間たちが外に出て呼んでみても、声も出せないようだったので、「どうしたんだろう。」と近づいてみると、牛は寒さで凍えて震えていました。山羊と羊は相談して、草を見つけて牛を温めることにしました。

山羊がアオギリの木に登ってあちこち見ていると、斜面の下の方に煙の出ているほら穴が見えました。山羊はアオギリからすぐに降りて、羊と一緒になんとか牛を支えながら、煙の見える方に歩いて行きました。すると道端に虎の皮があったので、山羊はこれを牛の背中に乗せました。また少し行くと、一頭の狼の皮を見つけたので、これも牛の背中に乗せました。

三人はとうとう煙の出ている所にたどり着きましたが、なんとここはすべての猛獣たちが集まって吠え、宴会をする場所だったのです。羊と牛は怖くなって、後ずさりして逃げようとしましたが、山羊は二人を止めて、まず自分から挨拶をしてほら穴に入っていき、羊と牛が後に続きました。

入ってみると狼、虎、狐、ライオンなどの猛獣たちが座っていました。虎の王は板の上に座っていて、狐に、「今日はお前が宴会をする番なのに、何で食べ物を探してこないんだ。」と言って咎《とが》めました。

狐が、「あっちこっち探しましたが、どんな食べ物も見つけられませんでした。

神様がそのつもりなら信者はどうしようもないじゃありませんか。」と言っている折も折、山羊と羊と牛が入ってきてしまったのです。それを狐はとても喜んで、「ここにいる皆のかしらは虎だ。こんなに太った家畜は私たちには、またとないご馳走だ。それも自分たちで私たちの前に来た。羊に山羊に牛は大層な獲物、これだけの肉で満腹になれる。」と言いました。

これを聞いた羊と牛は恐怖に震えましたが、山羊は怖いのを我慢して、虎を見据えて言いました。

「私は広い草原、高い山にいる屠殺人だ。私の話をようく聞きなさい。60頭の虎、60匹の狼と60匹の狐、私はある地方の有名な商人と契約している。動物をこんなにたくさん見つけたことをアッラーに感謝する。さあ英雄たち、覚悟はいいか。」

すると居合わせた猛獣たちは互いに顔を見合わせ、恐る恐る様子を伺いながら一頭、また一頭とほら穴を出ていきました。しかも入り口にあった虎や狼の皮を見ると、気が動転して四方八方へ慌てて逃げていきました。虎の王はといえばほら穴の中に一人残され、恐怖からおずおずと床から立ち上がって歩いてきました。そこを牛が走ってきて力いっぱい虎の腹を突きました。山羊と羊も加勢して突きかかりました。虎は死んだようにぐったりしてしまいには命乞いをして、

「優しいお兄さん、これからは君たちに絶対関わらない。君たちの方には一頭の猛獣も行かせないから私を放してくれ。」と言いました。

一方、逃げた猛獣たちはまもなく一箇所に集まりました。恐怖が収まってみると、あの三頭の美味しい肉から逃げたことを後悔して、彼らの後を追うこととなったのです。山羊は猛獣たちが迫ってきているのを遠くから見つけると、すぐに羊と牛をアオギリの上に登らせて、自分は他の所に隠れ、羊と牛に、

「もしあの猛獣たちが、私たちを探しに来ても見つけられないでいたら、あなた方は大きな声で叫んでアオギリからとび降りなさい。」と言いました。

やってきた猛獣たちは山羊たちを探し出すことができず、アオギリのあたりに集まって狐に頼みました。

「君は占い師だろう、ひとつ占え、あいつらはどこに隠れたのか。」

狐は腰を下ろして占いを始め、他の者も狐の周りに座りました。その時を見すまして、牛と羊は大声で叫んでアオギリの上からとび降り、同時に別の方角から、「占い師を捕まえろ！」という恐ろしい声が聞こえました。

あまりに突然の出来事に、猛獣たちは後をも見ずに逃げて行き、その後は二度とこのあたりには近づきませんでした。牛と山羊と羊は、この地で一生安楽に暮らしたということです。

（『ウイグルの民話集』第1集より）

石の上の魚

昔、タクラマカンのはるか向こうの砂丘の近くの、動物たちがお互いの言葉に通じている郷《さと》で、ある時、狐と狼が深い森の中で出会いました。彼らはお互いに挨拶しあって、近頃の様子はどうだなどと話した後、狼はずるそうに笑って、「狐の弟よ、君は足が速く、頭が切れると聞いてずっと前から君を探していたのだ。今日よくこの場所で会えたものだ。」と言いました。

狐は狼が居丈高で激しい気性であり、腹黒い野心家であることを知っているので、狼がどんな訳で言っているのか分からないため、狼の甘い話を信じられず、疑いを捨てきれずに、

「狼の兄、私は以前あなたに対して何か間違いを犯したのですか？　もしそうなら、私の罪を償う機会をもらえれば、私はネズミを捕りに行って、暮らしをたてたいのですが。」と言って懇願しました。狼は、

「狐の弟、怖がらずに大胆になりなさい。君は私を誤解している。私は君に悪いことを企んでいるわけではなく、ある良いことを考えていたのだ。」と言いました。

でも狐は狼の言葉を聞いても安心できずに、逃げられる場所を考えながら、

「狼の兄、それはどんなことです。」と聞きました。狼は、

「私たち二人は友達になって、一緒に商売をやろう。」と狐を探していた訳を言いました。

狐は断ったら助からないことをよく分かっているので、すぐに笑顔になりながら、

「狼の兄、私もあなたを寛大、勇敢、太っ腹だと聞いて、一度お会いしたいと前から探していましたが、会える機会がありませんでした。今日の私はツイているのかも

しれない。あなたと出会えてとても嬉しいです。」と言って笑いました。

狼は狐のお世辞に喜び、満足して座って、

「そうなんだ、私は大胆で怖いもの知らずだ。私たち二人が友人になるなら、もう恐れるものは何もない。君は機敏で素早い、私は大胆で恐れを知らない。君が盗みに入るなら私は君を助けて守る。」と言いました。狐は信用して、

「分かりました。私たち二人は友人になりましょう。あなたのような英雄が私を守るなら、私は何を恐れましょう。私は必ず恩を返せます。」と狼の提案に乗りました。

狼と狐は友人になることを約束しあい、これからは苦しい時も順調な時も、死ぬも生きるも一緒、食べ物も分け合って食べ、君だ私だと言わず、共に暮らしていくことに同意しました。

それ以来二人は長い間お互いに離れずに、すべて助け合いながら暮らしてきましたが、月日のたつうちに狼は凶暴になり、残忍さを露わにしてきました。朝狩りに

出たら昼間には狩りに出ない。昼に狩りに出たら夜には出ない。狐が獲ったものを力づくで良いところを奪って食べ、残りを狐に与えるようになりました。狐はこのことに腹が立ってもそのうちに変わると望みをかけて、悪だくみもせず、歯を食いしばって初めの約束を守って過ごしていました。

そんな日々のある時、狼は狐を前に呼んで、狼は、

「毎日ニワトリを食べて喉が乾いた。何とかしてくれ。」と言いました。

狐は狼の提案に従って、メロン畑に盗みに入ることを承知しました。夜になって二人は住み処《か》を出て、闇の中を探り探り、メロン畑にやってきました。二人は互いに君が入れと長い間言い争いました。すると狼は、

「私たち二人が友人になった時に〈私は君を守る、君は盗みをする〉と決めた。約束を守ることが友人同士のいいところだ。」と二人が友人になった時の約束を持ち出しました。

これを聞いた狐は〈これで言うべき時が来た〉と思い、

「狼の兄、あなたは約束を守るんですか。」と言ったとたん狼は、

「私は約束を守って、君を守ると言っている。」とにらみつけて狐を脅しました。

狐は怖さに言葉を失い、悔しさでいっぱいになりましたが、〈狼が約束を守らなくても、私だけでも約束を守る。狼が私にしたことにいつか仕返しをしてやる〉という思いを隠して、

「分かった、私が入ってもいい。でも何か物音がしたら、私に知らせて助けてくれるなら。」と念を押してから、自分の思いは隠したままメロン畑に入って行きました。

狐は盗みに入って、良いメロンを探してゴソゴソと音を立ててしまったので、畑の持ち主が起きてしまいました。持ち主は泥棒が入ったことを知って、「泥棒だ、行け。」と言って犬を放しました。

犬の声を聞いた狼は、狐を守るどころか、「狐、逃げろ。」と叫んだだけで尻尾を

巻いて逃げて行きました。狐は犬の声を聞いても狼の助けが来ないことを知って、自分の体をメロンのつるの茂った中に入れて死んだようにじっと横たわって助かりました。

犬のほえ声がやんだ後、狐はそこからゆっくりと立ち上がり、一歩ごとに振り返りながら、つま先で歩いてメロン畑の外に出て、やはり尻尾を巻いて急いで逃げて、無事住み処《か》に戻りました。

住み処《か》に戻ってみると、狼は自分の寝床で何事もなかったかのようにゆったりと横になり、前に獲っておいた獲物を美味しそうに食べていました。狐はこれを見て、大そう腹を立てて狼に食ってかかり、

「あなたの勇気はどこへ行ったんだ。私がもし死んでいたら。」と言うやいなや、狼は寝床から跳びあがって、

「黙れ。私は逃げる前に君に逃げろ、と叫んだから君は逃げられたじゃないか。」

と言いました。狐が、

「あなたは、それで私を守ったつもりなのか。」と言うと、
狼はさらに、

「私は君ほどメロンは好きではない。自分の欲深さであやうく犬の餌食になるところだった。君も私のように機敏なら良かったんだ。」と言って狐を非難しただけで黙ってしまいました。

この時から狐は狼が自分には誠実でないことが分かり、狼と友人でいることに疲れてしまいました。しかし、別れて出て行ってしまうと、まず一つには狼に恨みをはらすことができません。それに二つ目として、どこかでまた狼に出会ってしまった時に自分に危害を加えられる心配もあります。そこで狐は狼と一緒に暮らしながら、良い機会が来るのを待つことにしました。

それからしばらくたったある日の朝早く、狼は寝床で何か食べながら、

「おい、哀れな狐、とっとと起きて朝飯を探しに外へ出ろ。私が起きてしまったらお前を殺して皮を剝いで中に藁をつめるぞ、どうなんだ。」とどなりました。

狐は狼のひどい仕打ちに苦しんで首をたれ、どうやって狼に仕返しをしてやろうかと考えながら両側に山の迫った狭い谷の中に入ってしまいました。しばらく歩くと行く手に大きな石がありました。石の上には何かつやつやした物がおいてあるようです。

何だろうとよく見ると、一匹の大きな魚が陽の光にきらめいているのでした。狐は思わずよだれが出ました。しかしすぐに〈水の中で暮らす魚が石の上にのっているのは何かわけがあるに違いない〉と気がついて、石を遠くから見ながら周りを一周してみると、思ったとおり石のそばには罠《わな》が仕掛けてありました。

狐は〈これで狼をやっつける機会が来た〉と思って胸がどきどきし始め、すぐに今来た道を一目散に駆け戻りながら、狼をどのようにして連れ出すかについてある計略を思いつきました。

狐は狼が休んでいる住み処《か》に息を切らせて入っていくと、

「狼閣下、朝食のために食べ物を準備しておきました。」と言いました。これを聞いた狼は床から跳ね上がって立ち、

「さあ何を準備した。手ぶらでいるじゃないか。」と言いました。

「私があなたのために朝食を探して歩いていたら、きれいな水がサラサラと流れている川のほとりに出ました。流れにそって歩いていると、二匹の魚が水の中で飛び跳ねて、楽しそうに泳いでいました。私は気づかれないように気をつけてその上に飛び込んで一匹を捕まえました。でも魚が大きくて長いので運んでくるのは大変だから、狭い谷にある陽のあたった石の上に乗せて、ここまで走ってきました。嘘だと思うなら何でこんなに私の体が濡れているんでしょう。」と言って汗をかいて濡れている毛を舐めました。

狼は狐の話を信じて涎《よだれ》をたらし、

「さあ狐君、私をその狭い谷に早く連れていけ。」と言いました。

狐は狼を連れて住み処《か》から出て歩き出しました。彼らは真っ直ぐに歩いたり、回り道をしたり、どのくらい歩いたでしょう、とにかくちょうどお昼に魚を置いた石のそばにたどり着きました。狐は足を止めて、

「あれです、閣下。あの石の上で光っているのが私の捕まえた魚です。」と大声で叫んでキラキラと輝いている魚を指さしました。

狼は魚を見て、狐よりも興奮して石の上に飛びつくなり、〈パチン〉と音がして二本の後脚が罠にはさまれてしまいました。狐は遠回りに歩いてきて、石の上にある魚をとってしゃがんで座り、これ見よがしに美味しそうに食べました。狼は怒りと苦しみに耐えられずに悲鳴をあげて、狐の顔にツバを吐きかけて恨み言を言い、大泣きしました。

「何でお前の話を信じてしまったのか。石の上の魚のために私は目がくらんでしまった。」

狐は狼の涙に目もくれず、顎に残った魚のうろこを舐めとり、

「私たち二人は最初に何と言って約束を交わしたのだ。何か訳がなかったらなんで魚が石の上にいるのか。」と言ってそこから立ち去っていきました

（『ウイグルの民話集』第13集より）

ネズミはネズミ

昔むかし、深い森の中に、一人の賢いお爺さんが暮らしていました。お爺さんは一本の魔法の杖を持っていました。

ある日、お爺さんが朝ごはんを食べようとしていると、「おーい助けてえ、誰か!」という、か細い声がしました。

お爺さんが急いで外に出ると、一匹の狐がか細い声のネズミをくわえて走ってきました。ネズミは泣き叫んで足をバタバタさせていました。お爺さんが石を拾って狐に投げると、石が当たって、狐は死んでしまいました。ネズミは大喜びでお爺さんの前に跳んできて、泣きながら膝をついてお辞儀をして、

「お爺さん、あなたに本当に感謝しています。あなたがいなかったら私は狐に食べられてしまうところでした。ご恩は一生忘れません。」と言いました。

お爺さんはネズミを見て、

「君はとても小さいね。みんな君をいじめている。私は君をもう少し大きな生き物にしてあげよう。」と言い、杖をネズミの上で三度回すと、ネズミはヒゲのピンと立った大きなまだら模様の猫に変わりました。猫はお爺さんにお辞儀をして、森に入って行きました。

ある日、猫が食べ物を探して歩き回っていると、一頭のお腹をすかせた狼に出会ってしまいました。猫は死に物狂いで一本の高い松の木に登って危ないところを助かりました。

狼は松の木の下で待っていましたが、待ちくたびれて行ってしまいました。猫は大急ぎで木から降りて、一目散にお爺さんの家に向かって走りました。

「もしもし、ご親切なお爺さん。お願いですから私を最も大きく、最も勇敢な動物にしてください。ご恩は一生忘れません。」

お爺さんは猫を見て、

「分かった。私は君を動物たちの中で最も強い虎にしておこう。しかし私との約束だよ。君は虎になった後も威張ったりしてはいけない。小さな動物たちをいじめたりしないで、すべての動物たちと仲良くするんだよ。」

猫は喜んで、「必ずあなたの言われるようにします。安心してください、お爺さん。」と言いました。

お爺さんが杖を三度回すと、猫はすぐに威厳のある虎になりました。虎はお爺さんにお辞儀をして、森に帰って行きました。

虎は最初の何日かはおとなしく、穏やかにしていましたが、だんだん威張るようになり、他の動物たちをいじめたり、追いかけ回したりして、動物たちは安心していられなくなりました。

ある日すべての動物たちが集まって、お爺さんに虎のことを訴えました。お爺さんは虎に注意するつもりになって、虎を探しに出かけました。すると虎が高い山の上で日向ぼっこをしながら肉を食べているのを見つけました。虎はお爺さんを無視しました。お爺さんがお説教を始めると、虎は傲慢にも吠えて、

「おい老いぼれ、誰の前にいるのか分かっているのか。俺様はすべての山の王、動物たちの将軍。私がゆっくり休んでいるのを邪魔するな。私の眼の前から失せろ。」

しかし、お爺さんはゆっくりと話しました。

「君が誰なのか私は知っている。君はスズメより小さな一匹の生き物だった。私は君をかわいそうに思ってこのように虎にしておいた。虎になる前に約束をしたはずだがどうなんだ。」

これを聞くなり虎は怒りで牙をギリギリと鳴らして、お爺さんに跳びかかろうと

しました。お爺さんがさっと魔法の杖を一振りすると、虎はあっという間に小さくなり、くたびれたみすぼらしいネズミに戻ってしまいました。

お爺さんはネズミを見て、

「君は善とは何かも分からない恩知らずの奴だ。やはり君はネズミでしかない。よし、ネズミのままでいなさい。」と言いました。

この様子をずっと見ていた生き物たちは大喜びで歌ったり踊ったりしたということです。それからというもの、すべての生き物はどこでネズミを見ても罵るようになりました。ネズミも昼間は怖がって穴から出ず、夜になって人々が完全に眠りに入ってから、こっそりと外に出るようになったのです。

（『ウイグルの民話集』第9集より）

訳者あとがき

私は元もと子どもの視点に立ち、子育てに勤《いそ》しむ人たちへの応援団員を以て任じてきました。文学部を出てもいないし、またウイグルの世界に通じているわけでもありません。

しかし今回の仕事を通して、日本では当たり前の、山は青く水は清い世界が理想郷として語られるような世界とはちがう、ウイグルの厳しい風土を知り、そうした厳しい世界が同じ地球の上にあることを、子どもたちに知ってほしいと思いました。

異なる風土は異なる人生観を育てますが、一方で「狐の死」や「猿の歌」にあるように、日本にも同じ意味の言い習わしがあり、人間の美徳や弱さには共通のものがあることも知らせたいと考えました。

さらに言えば、今の子どもたちには活字離れが指摘され、高校生ともなれば論理的思考——もちろん大切ですが——を身につけることこそ重要で、文学は勉強しなくても良いといった教育の動向も出てきました。となればもっと低年齢のうちに、「心の機微」に気づき合う柔らかさを養うほかはありません。その上で自分の力不足、傲岸不遜を顧みず、リズムの良い、出来うる限りの美しい日本語を目指したいと思いました。

最後になりますが、今回の出版に際して鉱脈社の川口道子様をはじめ、皆様に心から感謝いたします。こうした欲張りな願いを快く受け止め、貴重な機会を与えてくださったムカイダイス先生及び、ウイグル文化への扉を指し示してくれた夫である河合眞に心からの感謝を申し述べます。

2020年春

河合直美

訳者プロフィール

ムカイダイス（Muqeddes）

ウルムチ出身のウイグル人。千葉大学非常勤講師。上海華東師範大学ロシア語学科卒業。神奈川大学歴史民俗資料学研究科博士課程。元放送大学面接授業講師、元東京外国語大学オープンアカデミーウイグル語講師。世界文学会会員。

著書に『ああ、ウイグルの大地』『ウイグルの詩人 アフメットジャン・オスマン選詩集』『ウイグル新鋭詩人選詩集』。三冊とも河合眞共訳（左右社出版）。『聖なる儀式　タヒル・ハムット・イズギル詩集』共編訳（鉱脈社）。

河合直美（かわい・なおみ）

慶応義塾大学医学部卒　小児科医院勤務を経て現在、横浜市の乳幼児健診を担当。

分担執筆　『新小児医学体系　第8巻C　「出生後の酸素運搬機構の変化」』（中山書店）。共著　『グループセラピー実践マニュアル』（小林出版）。『癒しとしての子守唄「音楽療法」』（南山堂）

ウイグルの民話　動物譚

2020年5月25日初版発行

共編訳　ムカイダイス
　　　　河合直美

発行者　川口敦己

発行所　鉱脈社
〒880-8551 宮崎県宮崎市田代町263番地

印刷製本所　有限会社鉱脈社

First published in Japan in 2020 by Koumyakusya Ltd. 263 Tashiro-cho, Miyazaki City, 880-8551 Japan.
Tel:0985-25-1758 Fax:0985-25-1803